Ivan Kouchnir

Économie du Mali

Série "Economie dans les pays"

première publication: 2020
dernière mise à jour: 2021-01-21

Ivan Kouchnir. Économie du Mali. Série "Economie dans les pays". - 2020. - 81 pages.

Ce livre sur l'économie du Mali des années 1970 aux années 2010. Données source provenant de UN Data.

Taille. Dans les années 2010, le PIB du Mali s'élevait à 14,1 milliards de dollars par an; la valeur de l'agriculture était de 5,1 milliards de dollars; la valeur de l'industrie était de 2,2 milliards de dollars. Comme la part dans le monde était comprise entre 0,01% et 0,1%, le pays est classé une petite économie.

Productivité. Dans les années 2010, le produit intérieur brut par habitant était de 815,6 dollars; l'agriculture par habitant était de 296,2 dollars; l'industrie par habitant était de 125,9 dollars. Étant donné que la productivité est inférieure à la moyenne inférieure à la moyenne, l'économie est classée comme moins développée.

Croissance. Dans les années 2010, la croissance du PIB était de 8,1%; la croissance de l'agriculture était de 9,7; la croissance de l'industrie était de 9,2%.

Structure. Dans les années 2010, l'économie du Mali était composée des secteurs suivants: agriculture (72,2%), services (10,3%), industrie (6,5%), commerce (6,1%), construction (2,7%), transport (2,2%).

Exportation et importation. Dans les années 2010, les importations étaient supérieures de 48,9% aux exportations, les importations nettes représentant 11,6% du PIB. La structure technologique des exportations n'est pas meilleure que la structure des importations.

Consommation et reproduction. L'attitude de la reproduction vis-à-vis de la consommation n'est pas meilleure que la moyenne mondiale; ainsi la part du PIB dans le monde n'augmentera donc pas.

Série "Economie dans les pays": parallel.page.link/fr

© Ivan Kouchnir, 2020

Tous les droits sont réservés.

ISBN: 9798614142643

Contenu

Partie I. Taille — 4
    Chapitre I. Produit intérieur brut — 5
    Chapitre II. Valeur ajoutée — 9
    Chapitre III. Revenu national brut — 13

Partie II. Structure — 17
    Chapitre IV. Agriculture — 18
    Chapitre V. Industrie — 23
        Chapitre 5.1. Fabrication — 27
    Chapitre VI. Construction — 32
    Chapitre VII. Transport — 37
    Chapitre VIII. Commerce — 41
    Chapitre IX. Services — 46

Partie III. Relations extérieures — 51
    Chapitre X. Exportations — 52
    Chapitre XI. Importations — 57

Partie IV. Consommation — 62
    Chapitre XII. Dépenses publiques — 63
    Chapitre XIII. Dépenses ménagères — 68
    Chapitre XIV. Consommation de nourriture — 73

Partie V. Reproduction — 76
    Chapitre XV. Formation de capital fixe — 77

Partie I. Taille

	Les années 2010
PIB	14,1 milliards de dollars
Partager dans le monde	0,018%
Partager en Afrique	0,61%
Partager en Afrique de l'Ouest	2,2%

Chapitre I. Produit intérieur brut

Le PIB du Mali est passé de 714,4 millions de dollars par an dans les années 1970 à 14,1 milliards de dollars par an dans les années 2010, c'est-à-dire 13,4 milliards de dollars ou de 19,7 fois. La variation a été de 1,3 milliards de dollars en raison de l'augmentation de 1,1 fois des prix, et de 10,9 milliards de dollars en raison de la croissance de productivité de 6,7 fois, et de 1,2 milliards de dollars en raison de la croissance démographique. La croissance annuelle moyenne du PIB était de 7,1%. La valeur minimale était de 320,4 millions de dollars en 1970. La valeur maximale était de 17,4 milliards de dollars en 2019.

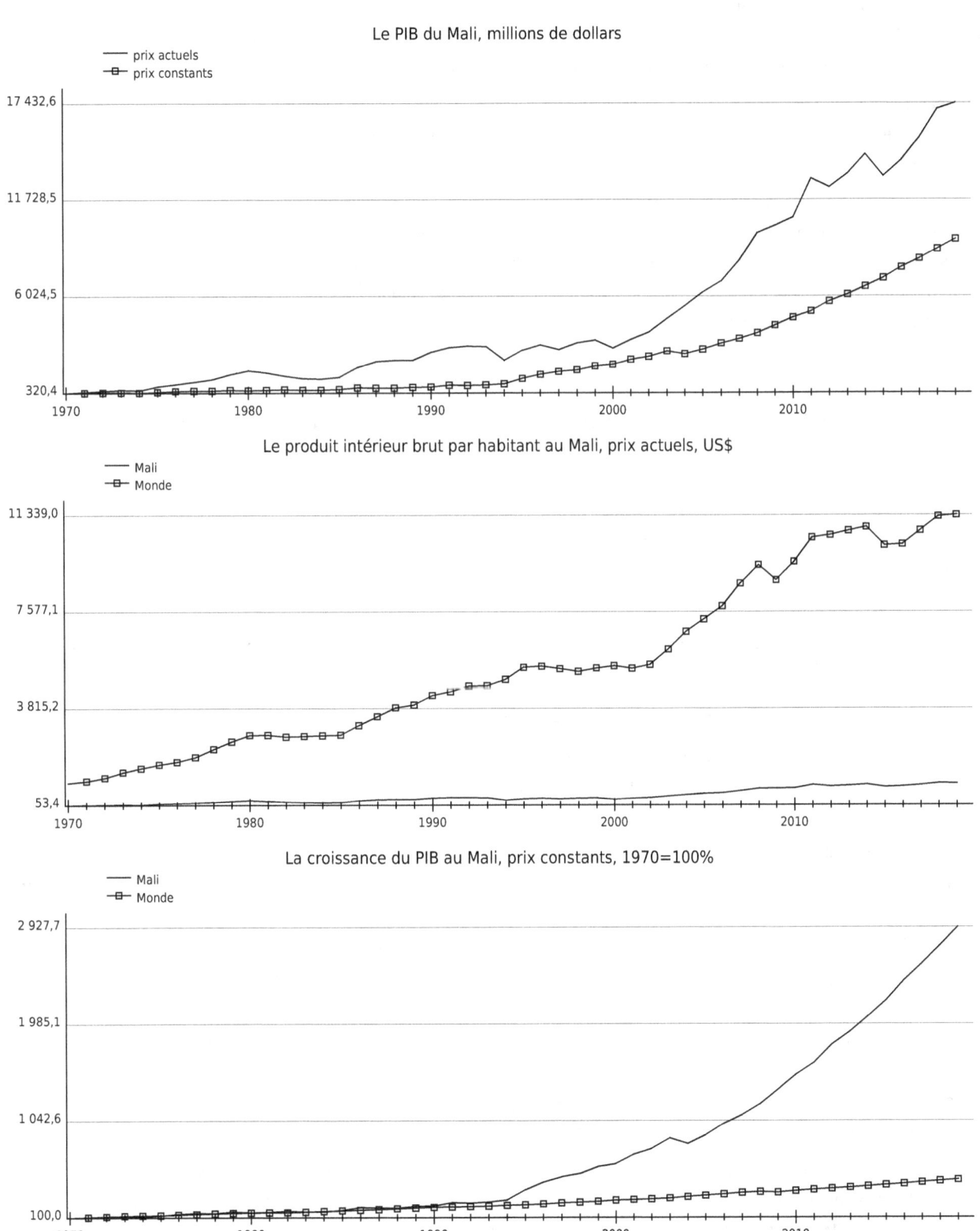

Les années 1970

Le produit intérieur brut du Mali était de 714,4 millions de dollars par an dans les années 1970, au 120ème rang mondial à égalité avec le Cambodge (720,3 millions de dollars), Sierra Leone (723,6 millions de dollars). La part dans le monde était de 0,011% et de 0,27% en Afrique.

Le produit intérieur brut du Mali était constitué des dépenses ménagères (89,5%), de la formation de capital (19,9%) et des dépenses publiques (5,8%).

Le produit intérieur brut par habitant au Mali était de 110.9 dollars dans les années 1970, au 181ème rang mondial, à égalité avec le Burundi (113,5 de dollars). Le PIB par habitant au Mali était 14,6 fois inférieur le produit intérieur brut par habitant au Monde (1 620,8 US$), et 5,8 fois inférieur le produit intérieur brut par habitant en Afrique (648,3 US$).

La croissance du produit intérieur brut au Mali était de 5% dans les années 1970, au 73ème rang mondial, à égalité avec l'Irlande (4,9%), l'Afrique de l'Ouest (5,0%). La croissance du PIB au Mali (5,0%) a été supérieure à celle du monde (4,1%), et supérieure à celle de l'Afrique (4,5%).

Comparaison avec les voisins. Le produit intérieur brut du Mali était inférieur à celui de l'Algérie (15,4 milliards de dollars), de la Côte d'Ivoire (4,2 milliards de dollars), du Sénégal (2,3 milliards de dollars), du Niger (1,3 milliards de dollars), de la Guinée (1,2 milliards de dollars), du Burkina Faso (990,5 millions de dollars) et de la Mauritanie (920,5 millions de dollars). Le produit intérieur brut par habitant au Mali était inférieur à celui de l'Algérie (936,2 de dollars), de la Mauritanie (699,9 de dollars), de la Côte d'Ivoire (672,0 de dollars), du Sénégal (473,8 de dollars), de la Guinée (273,1 de dollars), du Niger (256,3 de dollars) et du Burkina Faso (161,7 de dollars). La croissance du PIB au Mali était supérieure à celle du Burkina Faso (4,5%), de la Guinée (3,0%), de la Mauritanie (2,9%), du Sénégal (2,3%) et du Niger (1,7%); mais inférieure à celle de la Côte d'Ivoire (6,7%) et de l'Algérie (6,4%).

Comparaison avec les leaders. Le produit intérieur brut du Mali était inférieur à celui des États-Unis (1,7 billions de dollars), de l'URSS (649,4 milliards de dollars), du Japon (558,0 milliards de dollars), de l'Allemagne (484,2 milliards de dollars) et de la France (333,2 milliards de dollars). Le PIB par habitant au Mali était inférieur à celui des États-Unis (7 838,7 de dollars), de la France (6 214,9 de dollars), de l'Allemagne (6 148,9 de dollars), du Japon (5 011,3 de dollars) et de l'URSS (2 574,9 de dollars). La croissance du produit intérieur brut au Mali était supérieure à celle de l'URSS (4,8%), du Japon (4,6%), de la France (3,9%), des États-Unis (3,5%) et de l'Allemagne (3,1%).

Les années 1980

Le produit intérieur brut du Mali était de 1,7 milliards de dollars par an dans les années 1980, au 122ème rang mondial. La part dans le monde était de 0,011% et de 0,31% en Afrique.

Le PIB du Mali était constitué des dépenses ménagères (78,6%), de la formation de capital (18,8%) et des dépenses publiques (17,5%).

Le produit intérieur brut par habitant au Mali était de 215.1 dollars dans les années 1980, se situant au 178ème rang mondial, à égalité avec le Bangladesh (219,8 de dollars). Le produit intérieur brut par habitant au Mali était 14,5 fois inférieur le produit intérieur brut par habitant au Monde (3 123,4 US$), et 4,6 fois inférieur le PIB par habitant en Afrique (993,3 US$).

La croissance du produit intérieur brut au Mali était de 3% dans les années 1980, se classant au 87ème rang mondial, à égalité avec le Rwanda (3,0%). La croissance du PIB au Mali (3,0%) a été inférieure à celle du monde (3,0%), et supérieure à celle de l'Afrique (1,8%).

Comparaison avec les voisins. Le PIB du Mali était inférieur à celui de l'Algérie (53,2 milliards de dollars), de la Côte d'Ivoire (8,7 milliards de dollars), du Sénégal (4,7 milliards de dollars), du Niger (2,8 milliards de dollars), de la Guinée (2,8 milliards de dollars), du Burkina Faso (2,2 milliards de dollars) et de la Mauritanie (1,9 milliards de dollars). Le produit intérieur brut par habitant au Mali était inférieur à celui de l'Algérie (2 405,8 de dollars), de la Mauritanie (1 076,5 de dollars), de la Côte d'Ivoire (893,7 de dollars), du Sénégal (735,3 de dollars), de la Guinée (510,1 de dollars), du Niger (410,3 de dollars) et du Burkina Faso (286,7 de dollars). La croissance du produit intérieur brut au Mali était supérieure à celle de la Guinée (2,9%), de l'Algérie (2,8%), du Sénégal (2,4%), de la Mauritanie (1,3%), de la Côte d'Ivoire (0,49%) et du Niger (-1,4%); mais inférieure à celle du Burkina Faso (3,7%).

Comparaison avec les leaders. Le PIB du Mali était inférieur à celui des États-Unis (4,2 billions de dollars), du Japon (1,8 billions de dollars), de l'Allemagne (990,0 milliards de dollars), de l'URSS (887,0 milliards de dollars) et de la France (729,5 milliards de dollars). Le PIB par habitant au Mali était inférieur à celui des États-Unis (17 427,1 de dollars), du Japon (14 970,9 de dollars), de la France (12

Chapitre I. Produit intérieur brut

907,5 de dollars), de l'Allemagne (12 688,8 de dollars) et de l'URSS (3 222,9 de dollars). La croissance du PIB au Mali était supérieure à celle de la France (2,3%) et de l'Allemagne (1,9%); mais inférieure à celle de l'URSS (4,3%), du Japon (4,3%) et des États-Unis (3,1%).

Les années 1990

Le PIB du Mali était de 3,0 milliards de dollars par an dans les années 1990, se classant au 136ème rang mondial. La part dans le monde était de 0,010% et de 0,50% en Afrique.

Le produit intérieur brut du Mali était constitué des dépenses ménagères (79,9%), de la formation de capital (21,2%) et des dépenses publiques (11,8%).

Le produit intérieur brut par habitant au Mali était de 313 dollars dans les années 1990, se classant au 186ème rang mondial, à égalité avec le Bangladesh (316,0 de dollars), le Malawi (309,5 de dollars), le Burkina Faso (317,2 de dollars). Le produit intérieur brut par habitant au Mali était 16,0 fois inférieur le PIB par habitant au Monde (5 020,1 US$), et 2,7 fois inférieur le produit intérieur brut par habitant en Afrique (833,3 US$).

La croissance du PIB au Mali était de 11.1% dans les années 1990, au 4ème rang mondial. La croissance du PIB au Mali (11,1%) a été supérieure à celle du monde (2,8%), et supérieure à celle de l'Afrique (2,4%).

Comparaison avec les voisins. Le PIB du Mali était supérieur à celui du Niger (2,8 milliards de dollars) et de la Mauritanie (2,3 milliards de dollars); mais inférieur à celui de l'Algérie (48,4 milliards de dollars), de la Côte d'Ivoire (11,5 milliards de dollars), du Sénégal (6,9 milliards de dollars), de la Guinée (4,7 milliards de dollars) et du Burkina Faso (3,2 milliards de dollars). Le produit intérieur brut par habitant au Mali était supérieur à celui du Niger (299,0 de dollars); mais inférieur à celui de l'Algérie (1 706,7 de dollars), de la Mauritanie (992,4 de dollars), de la Côte d'Ivoire (823,7 de dollars), du Sénégal (810,9 de dollars), de la Guinée (658,4 de dollars) et du Burkina Faso (317,2 de dollars). La croissance du PIB au Mali était supérieure à celle du Burkina Faso (4,9%), de la Guinée (4,3%), du Sénégal (3,6%), de la Mauritanie (2,7%), de la Côte d'Ivoire (2,6%), du Niger (2,5%) et de l'Algérie (1,5%).

Comparaison avec les leaders. Le produit intérieur brut du Mali était inférieur à celui des États-Unis (7,6 billions de dollars), du Japon (4,3 billions de dollars), de l'Allemagne (2,2 billions de dollars), de la France (1,4 billions de dollars) et du Royaume-Uni (1,3 billions de dollars). Le PIB par habitant au Mali était inférieur à celui du Japon (34 325,0 de dollars), des États-Unis (28 654,0 de dollars), de l'Allemagne (27 003,8 de dollars), de la France (24 100,9 de dollars) et du Royaume-Uni (22 920,4 de dollars). La croissance du produit intérieur brut au Mali était supérieure à celle des États-Unis (3,2%), du Royaume-Uni (2,3%), de l'Allemagne (2,2%), de la France (2,0%) et du Japon (1,5%).

Les années 2000

Le PIB du Mali était de 6,2 milliards de dollars par an dans les années 2000, se situant au 135ème rang mondial à égalité avec la république du Congo (6,2 milliards de dollars), la Nouvelle-Calédonie (6,1 milliards de dollars), la Polynésie (6,3 milliards de dollars). La part dans le monde était de 0,013% et de 0,55% en Afrique.

Le produit intérieur brut du Mali était constitué des dépenses ménagères (71,6%), de la formation de capital (21,6%) et des dépenses publiques (14,7%).

Le PIB par habitant au Mali était de 487.5 dollars dans les années 2000, au 188ème rang mondial, à égalité avec d'Haïti (490,7 de dollars), la Tanzanie (491,8 de dollars), le Cambodge (493,5 de dollars). Le produit intérieur brut par habitant au Mali était 14,7 fois inférieur le PIB par habitant au Monde (7 176,3 US$), et 2,5 fois inférieur le produit intérieur brut par habitant en Afrique (1 228,8 US$).

La croissance du PIB au Mali était de 8.5% dans les années 2000, se situant au 13ème rang mondial, à égalité avec l'Arménie (8,5%), le Kazakhstan (8,5%). La croissance du PIB au Mali (8,5%) a été supérieure à celle du monde (3,0%), et supérieure à celle de l'Afrique (5,1%).

Comparaison avec les voisins. Le produit intérieur brut du Mali était supérieur à celui du Burkina Faso (5,9 milliards de dollars), de la Guinée (5,0 milliards de dollars), du Niger (4,4 milliards de dollars) et de la Mauritanie (3,1 milliards de dollars); mais inférieur à celui de l'Algérie (98,3 milliards de dollars), de la Côte d'Ivoire (17,0 milliards de dollars) et du Sénégal (11,0 milliards de dollars). Le produit intérieur brut par habitant au Mali était supérieur à celui du Burkina Faso (444,5 de dollars) et du Niger (330,5 de dollars); mais inférieur à celui de l'Algérie (2 976,4 de dollars), de la Mauritanie (1 032,9 de dollars), du Sénégal (1 003,8 de dollars), de la Côte d'Ivoire (932,7 de dollars) et de la Guinée (557,3 de dollars). La croissance du PIB au Mali était supérieure à celle du Burkina Faso

(5,3%), de l'Algérie (3,9%), du Niger (3,7%), du Sénégal (3,5%), de la Mauritanie (3,1%), de la Guinée (2,8%) et de la Côte d'Ivoire (0,69%).

Comparaison avec les leaders. Le PIB du Mali était inférieur à celui des États-Unis (12,6 billions de dollars), du Japon (4,7 billions de dollars), de l'Allemagne (2,8 billions de dollars), de la Chine (2,6 billions de dollars) et du Royaume-Uni (2,3 billions de dollars). Le produit intérieur brut par habitant au Mali était inférieur à celui des États-Unis (42 841,2 de dollars), du Royaume-Uni (38 399,3 de dollars), du Japon (36 386,2 de dollars), de l'Allemagne (33 966,8 de dollars) et de la Chine (1 954,1 de dollars). La croissance du produit intérieur brut au Mali était supérieure à celle des États-Unis (1,9%), du Royaume-Uni (1,7%), de l'Allemagne (0,73%) et du Japon (0,50%); mais inférieure à celle de la Chine (10,3%).

Les années 2010

Le PIB du Mali était de 14,1 milliards de dollars par an dans les années 2010, se situant au 127ème rang mondial à égalité avec la Palestine (13,9 milliards de dollars), la république du Congo (14,2 milliards de dollars). La part dans le monde était de 0,018% et de 0,61% en Afrique.

Le produit intérieur brut du Mali était constitué des dépenses ménagères (75,1%), de la formation de capital (20,3%) et des dépenses publiques (16,3%).

Le PIB par habitant au Mali était de 815.6 dollars dans les années 2010, se classant au 188ème rang mondial, à égalité avec l'Est (818,3 de dollars). Le PIB par habitant au Mali était 13,0 fois inférieur le produit intérieur brut par habitant au Monde (10 603,1 US$), et 2,4 fois inférieur le produit intérieur brut par habitant en Afrique (1 979,5 US$).

La croissance du PIB au Mali était de 8.1% dans les années 2010, se situant au 7ème rang mondial. La croissance du produit intérieur brut au Mali (8,1%) a été supérieure à celle du monde (3,1%), et supérieure à celle de l'Afrique (2,9%).

Comparaison avec les voisins. Le produit intérieur brut du Mali était 5,9% supérieur à celui du Burkina Faso (13,3 milliards de dollars), 36,0% supérieur à celui du Niger (10,3 milliards de dollars), 57,4% supérieur à celui de la Guinée (8,9 milliards de dollars) et 2,1 fois supérieur à celui de la Mauritanie (6,7 milliards de dollars); mais 13,0 fois inférieur à celui de l'Algérie (183,7 milliards de dollars), 3,1 fois inférieur à celui de la Côte d'Ivoire (43,3 milliards de dollars) et 28,7% inférieur à celui du Sénégal (19,7 milliards de dollars). Le PIB par habitant au Mali était 3,7% supérieur à celui de la Guinée (786,3 de dollars), 9,8% supérieur à celui du Burkina Faso (742,8 de dollars) et 55,5% supérieur à celui du Niger (524,5 de dollars); mais 5,7 fois inférieur à celui de l'Algérie (4 660,9 de dollars), 2,3 fois inférieur à celui de la Côte d'Ivoire (1 882,8 de dollars), 2,1 fois inférieur à celui de la Mauritanie (1 673,7 de dollars) et 40,4% inférieur à celui du Sénégal (1 368,7 de dollars). La croissance du produit intérieur brut au Mali était supérieure à celle du Niger (6,3%), de la Guinée (6,1%), du Burkina Faso (6,0%), du Sénégal (4,9%), de la Mauritanie (3,8%), de l'Algérie (2,7%) et de la Côte d'Ivoire (-2,1%).

Comparaison avec les leaders. Le PIB du Mali était 1 276,2 fois inférieur à celui des États-Unis (18,0 billions de dollars), 746,5 fois inférieur à celui de la Chine (10,5 billions de dollars), 371,5 fois inférieur à celui du Japon (5,2 billions de dollars), 260,2 fois inférieur à celui de l'Allemagne (3,7 billions de dollars) et 196,6 fois inférieur à celui du Royaume-Uni (2,8 billions de dollars). Le produit intérieur brut par habitant au Mali était 68,9 fois inférieur à celui des États-Unis (56 220,1 de dollars), 54,8 fois inférieur à celui de l'Allemagne (44 732,1 de dollars), 51,7 fois inférieur à celui du Royaume-Uni (42 176,3 de dollars), 50,1 fois inférieur à celui du Japon (40 869,8 de dollars) et 9,2 fois inférieur à celui de la Chine (7 491,3 de dollars). La croissance du produit intérieur brut au Mali était supérieure à celle de la Chine (7,7%), des États-Unis (2,3%), de l'Allemagne (1,9%), du Royaume-Uni (1,8%) et du Japon (1,3%).

Chapitre II. Valeur ajoutée

La valeur ajoutée du Mali est passé de 788,8 millions de dollars par an dans les années 1970 à 13,1 milliards de dollars par an dans les années 2010, c'est-à-dire 12,3 milliards de dollars ou de 16,6 fois. La variation a été de 568,0 millions de dollars en raison de l'augmentation de 1,0 fois des prix, et de 10,4 milliards de dollars en raison de la croissance de productivité de 5,9 fois, et de 1,3 milliards de dollars en raison de la croissance démographique. La croissance annuelle moyenne de la valeur ajoutée était de 6,7%. La valeur minimale était de 356,6 millions de dollars en 1970. La valeur maximale était de 16,2 milliards de dollars en 2019.

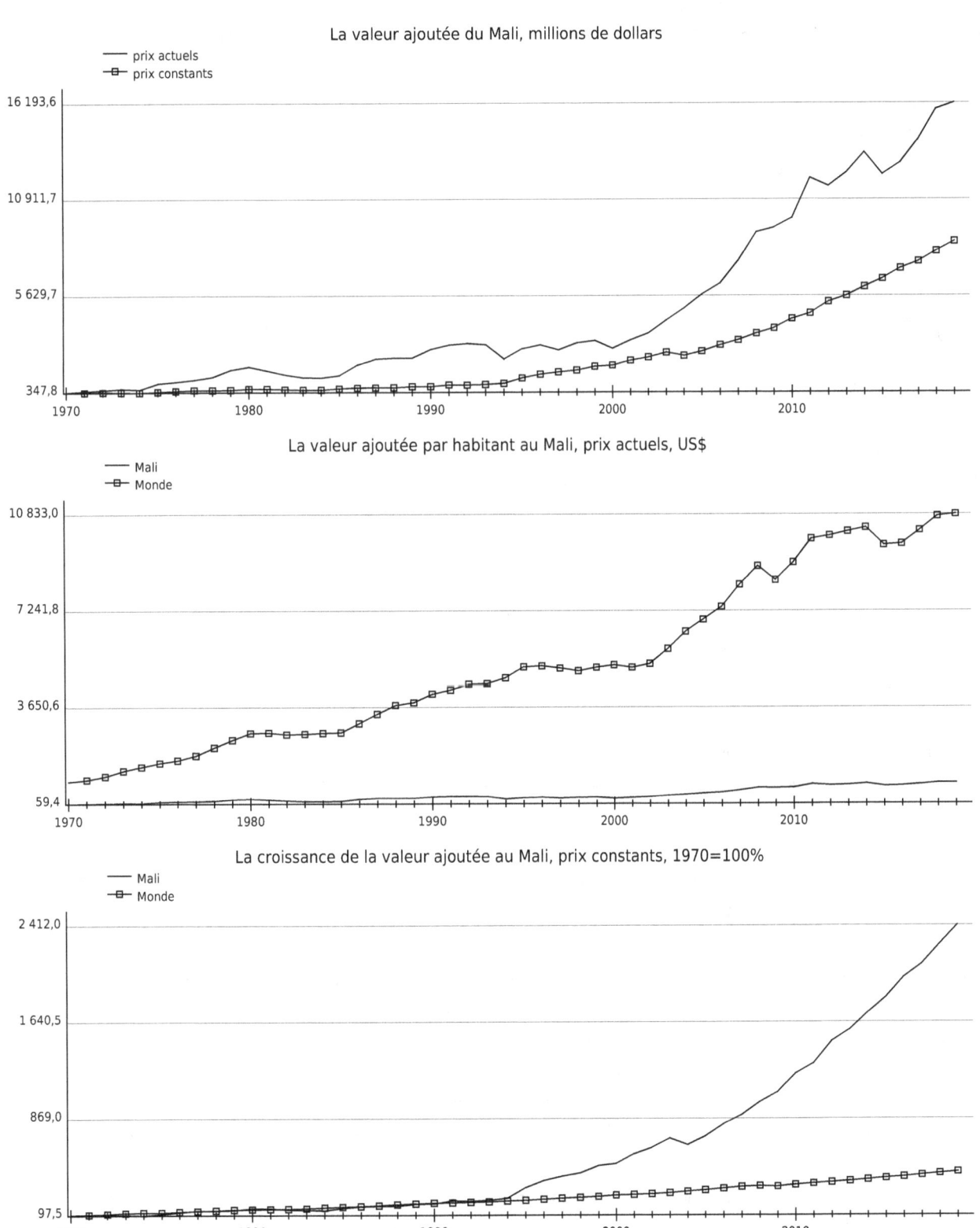

Les années 1970

La valeur ajoutée du Mali était de 788,8 millions de dollars par an dans les années 1970, se classant au 120ème rang mondial. La part dans le monde était de 0,012% et de 0,31% en Afrique.

La valeur ajoutée totale du Mali était constituée de: agriculture (72,2%), services (10,3%), industrie (6,5%), commerce (6,1%), construction (2,7%), transport (2,2%).

La valeur ajoutée par habitant au Mali était de 122.5 dollars dans les années 1970, se classant au 174ème rang mondial, à égalité avec la Birmanie (123,9 de dollars), le Bangladesh (119,6 de dollars). La valeur ajoutée par habitant au Mali était 12,8 fois inférieure la valeur ajoutée par habitant au Monde (1 564,4 US$), et 5,1 fois inférieure la valeur ajoutée par habitant en Afrique (619,0 US$).

La croissance de la valeur ajoutée au Mali était de 3.5% dans les années 1970, au 123ème rang mondial, à égalité avec les Bermudes (3,5%), les Amériques (3,5%), la Tanzanie (3,5%). La croissance de la valeur ajoutée au Mali (3,5%) a été inférieure à celle du monde (3,9%), et inférieure à celle de l'Afrique (4,9%).

Comparaison avec les voisins. La valeur ajoutée du Mali était inférieure à celle de l'Algérie (15,6 milliards de dollars), de la Côte d'Ivoire (4,0 milliards de dollars), du Sénégal (2,1 milliards de dollars), de la Guinée (1,3 milliards de dollars), du Niger (1,3 milliards de dollars), du Burkina Faso (1,1 milliards de dollars) et de la Mauritanie (886,9 millions de dollars). La valeur ajoutée par habitant au Mali était inférieure à celle de l'Algérie (947,5 de dollars), de la Mauritanie (674,3 de dollars), de la Côte d'Ivoire (636,8 de dollars), du Sénégal (430,4 de dollars), de la Guinée (294,9 de dollars), du Niger (252,0 de dollars) et du Burkina Faso (183,7 de dollars). La croissance de la valeur ajoutée au Mali était supérieure à celle du Burkina Faso (3,2%), de la Guinée (3,0%), du Niger (2,4%), du Sénégal (2,2%) et de la Mauritanie (2,0%); mais inférieure à celle de la Côte d'Ivoire (7,3%) et de l'Algérie (5,4%).

Comparaison avec les leaders. La valeur ajoutée du Mali était inférieure à celle des États-Unis (1,7 billions de dollars), de l'URSS (649,4 milliards de dollars), du Japon (545,3 milliards de dollars), de l'Allemagne (444,9 milliards de dollars) et de la France (297,3 milliards de dollars). La valeur ajoutée par habitant au Mali était inférieure à celle des États-Unis (7 767,9 de dollars), de l'Allemagne (5 650,3 de dollars), de la France (5 544,4 de dollars), du Japon (4 897,5 de dollars) et de l'URSS (2 574,9 de dollars). La croissance de la valeur ajoutée au Mali était supérieure à celle de l'Allemagne (3,1%) et des États-Unis (2,9%); mais inférieure à celle du Japon (4,9%), de l'URSS (4,8%) et de la France (3,7%).

Les années 1980

La valeur ajoutée du Mali était de 1,7 milliards de dollars par an dans les années 1980, se classant au 122ème rang mondial à égalité avec le Rwanda (1,7 milliards de dollars). La part dans le monde était de 0,011% et de 0,32% en Afrique.

La valeur ajoutée totale du Mali était constituée de: agriculture (46,8%), services (22,8%), commerce (11,9%), industrie (9,6%), transport (4,7%), construction (4,1%).

La valeur ajoutée par habitant au Mali était de 215.8 dollars dans les années 1980, au 176ème rang mondial, à égalité avec le Lesotho (212,8 de dollars), le Burundi (219,8 de dollars), le Bangladesh (211,4 de dollars). La valeur ajoutée par habitant au Mali était 14,0 fois inférieure la valeur ajoutée par habitant au Monde (3 029,9 US$), et 4,4 fois inférieure la valeur ajoutée par habitant en Afrique (948,7 US$).

La croissance de la valeur ajoutée au Mali était de 3.1% dans les années 1980, au 82ème rang mondial, à égalité avec Sierra Leone (3,1%). La croissance de la valeur ajoutée au Mali (3,1%) a été supérieure à celle du monde (2,9%), et supérieure à celle de l'Afrique (1,2%).

Comparaison avec les voisins. La valeur ajoutée du Mali était inférieure à celle de l'Algérie (51,3 milliards de dollars), de la Côte d'Ivoire (8,4 milliards de dollars), du Sénégal (4,4 milliards de dollars), de la Guinée (3,0 milliards de dollars), du Niger (2,8 milliards de dollars), du Burkina Faso (2,3 milliards de dollars) et de la Mauritanie (1,8 milliards de dollars). La valeur ajoutée par habitant au Mali était inférieure à celle de l'Algérie (2 317,3 de dollars), de la Mauritanie (1 039,1 de dollars), de la Côte d'Ivoire (861,8 de dollars), du Sénégal (691,1 de dollars), de la Guinée (550,6 de dollars), du Niger (407,1 de dollars) et du Burkina Faso (295,4 de dollars). La croissance de la valeur ajoutée au Mali était supérieure à celle du Burkina Faso (3,0%), de la Guinée (2,8%), du Sénégal (2,5%), de l'Algérie (2,5%), de la Mauritanie (1,5%), du Niger (-0,61%) et de la Côte d'Ivoire (-2,9%).

Comparaison avec les leaders. La valeur ajoutée du Mali était inférieure à celle des États-Unis (4,2 billions de dollars), du Japon (1,8 billions de dollars), de l'Allemagne (907,0 milliards de dollars), de l'URSS (887,0 milliards de dollars) et de la France (650,9 milliards

Chapitre II. Valeur ajoutée

de dollars). La valeur ajoutée par habitant au Mali était inférieure à celle des États-Unis (17 439,9 de dollars), du Japon (14 839,7 de dollars), de l'Allemagne (11 624,4 de dollars), de la France (11 516,2 de dollars) et de l'URSS (3 222,9 de dollars). La croissance de la valeur ajoutée au Mali était supérieure à celle des États-Unis (2,8%), de la France (2,2%) et de l'Allemagne (2,0%); mais inférieure à celle de l'URSS (4,3%) et du Japon (4,2%).

Les années 1990

La valeur ajoutée du Mali était de 2,8 milliards de dollars par an dans les années 1990, se classant au 136ème rang mondial à égalité avec l'Afghanistan (2,8 milliards de dollars), la Palestine (2,9 milliards de dollars), d'Haïti (2,8 milliards de dollars). La part dans le monde était de 0,010% et de 0,50% en Afrique.

La valeur ajoutée totale du Mali était constituée de: agriculture (41,0%), services (22,7%), industrie (12,3%), commerce (12,0%), transport (6,4%), construction (5,5%).

La valeur ajoutée par habitant au Mali était de 298.7 dollars dans les années 1990, se situant au 187ème rang mondial, à égalité avec le Malawi (298,0 de dollars), le Niger (295,2 de dollars), le Laos (302,6 de dollars). La valeur ajoutée par habitant au Mali était 16,1 fois inférieure la valeur ajoutée par habitant au Monde (4 799,9 US$), et 2,7 fois inférieure la valeur ajoutée par habitant en Afrique (793,2 US$).

La croissance de la valeur ajoutée au Mali était de 10.3% dans les années 1990, se classant au 5ème rang mondial. La croissance de la valeur ajoutée au Mali (10,3%) a été supérieure à celle du monde (2,7%), et supérieure à celle de l'Afrique (2,3%).

Comparaison avec les voisins. La valeur ajoutée du Mali était supérieure à celle du Niger (2,8 milliards de dollars) et de la Mauritanie (2,1 milliards de dollars); mais inférieure à celle de l'Algérie (46,4 milliards de dollars), de la Côte d'Ivoire (11,0 milliards de dollars), du Sénégal (6,6 milliards de dollars), de la Guinée (5,0 milliards de dollars) et du Burkina Faso (3,1 milliards de dollars). La valeur ajoutée par habitant au Mali était supérieure à celle du Niger (295,2 de dollars); mais inférieure à celle de l'Algérie (1 635,1 de dollars), de la Mauritanie (929,8 de dollars), de la Côte d'Ivoire (789,1 de dollars), du Sénégal (765,7 de dollars), de la Guinée (689,4 de dollars) et du Burkina Faso (305,8 de dollars). La croissance de la valeur ajoutée au Mali était supérieure à celle de la Guinée (4,0%), du Burkina Faso (3,8%), du Sénégal (3,0%), de la Côte d'Ivoire (2,6%), de la Mauritanie (2,4%), du Niger (2,0%) et de l'Algérie (1,9%).

Comparaison avec les leaders. La valeur ajoutée du Mali était inférieure à celle des États-Unis (7,6 billions de dollars), du Japon (4,3 billions de dollars), de l'Allemagne (2,0 billions de dollars), de la France (1,3 billions de dollars) et du Royaume-Uni (1,2 billions de dollars). La valeur ajoutée par habitant au Mali était inférieure à celle du Japon (34 190,7 de dollars), des États-Unis (28 605,8 de dollars), de l'Allemagne (24 519,7 de dollars), de la France (21 588,1 de dollars) et du Royaume-Uni (21 414,8 de dollars). La croissance de la valeur ajoutée au Mali était supérieure à celle des États-Unis (2,8%), du Royaume-Uni (2,4%), de l'Allemagne (2,1%), de la France (1,8%) et du Japon (1,8%).

Les années 2000

La valeur ajoutée du Mali était de 5,7 milliards de dollars par an dans les années 2000, se situant au 134ème rang mondial à égalité avec le Tchad (5,7 milliards de dollars), la Polynésie (5,7 milliards de dollars), la Nouvelle-Calédonie (5,6 milliards de dollars). La part dans le monde était de 0,013% et de 0,54% en Afrique.

La valeur ajoutée totale du Mali était constituée de: agriculture (33,6%), services (21,1%), industrie (17,8%), commerce (12,9%), construction (8,3%), transport (6,2%).

La valeur ajoutée par habitant au Mali était de 448.3 dollars dans les années 2000, se classant au 189ème rang mondial, à égalité avec le Bangladesh (450,6 de dollars), la Tanzanie (458,5 de dollars). La valeur ajoutée par habitant au Mali était 15,2 fois inférieure la valeur ajoutée par habitant au Monde (6 818,0 US$), et 2,6 fois inférieure la valeur ajoutée par habitant en Afrique (1 165,9 US$).

La croissance de la valeur ajoutée au Mali était de 8.2% dans les années 2000, se situant au 11ème rang mondial. La croissance de la valeur ajoutée au Mali (8,2%) a été supérieure à celle du monde (2,9%), et supérieure à celle de l'Afrique (4,9%).

Comparaison avec les voisins. La valeur ajoutée du Mali était supérieure à celle du Burkina Faso (5,5 milliards de dollars), de la Guinée (4,8 milliards de dollars), du Niger (4,2 milliards de dollars) et de la Mauritanie (2,9 milliards de dollars); mais inférieure à celle de l'Algérie (95,4 milliards de dollars), de la Côte d'Ivoire (15,7 milliards de dollars) et du Sénégal (10,1 milliards de dollars). La valeur ajoutée par habitant au Mali était supérieure à celle du Burkina Faso (412,4 de dollars) et du Niger (311,7 de dollars); mais inférieure à celle de l'Algérie (2 888,4 de dollars), de la Mauritanie (974,2 de dollars), du Sénégal (917,1 de dollars), de la Côte d'Ivoire (862,0 de dollars) et de la Guinée (534,3 de dollars). La croissance de la valeur ajoutée au Mali était supérieure à celle du Burkina Faso (4,9%), de l'Algérie (3,8%), du Sénégal (3,7%), du Niger (3,5%), de la Guinée (2,2%), de la Côte d'Ivoire (1,1%) et de la Mauritanie (0,82%).

Comparaison avec les leaders. La valeur ajoutée du Mali était inférieure à celle des États-Unis (12,6 billions de dollars), du Japon (4,7 billions de dollars), de la Chine (2,6 billions de dollars), de l'Allemagne (2,5 billions de dollars) et du Royaume-Uni (2,1 billions de dollars). La valeur ajoutée par habitant au Mali était inférieure à celle des États-Unis (42 840,8 de dollars), du Japon (36 383,0 de dollars), du Royaume-Uni (34 611,1 de dollars), de l'Allemagne (30 717,6 de dollars) et de la Chine (1 954,1 de dollars). La croissance de la valeur ajoutée au Mali était supérieure à celle des États-Unis (1,7%), du Royaume-Uni (1,7%), de l'Allemagne (0,65%) et du Japon (0,27%); mais inférieure à celle de la Chine (10,2%).

Les années 2010

La valeur ajoutée du Mali était de 13,1 milliards de dollars par an dans les années 2010, au 126ème rang mondial à égalité avec le Mozambique (13,2 milliards de dollars). La part dans le monde était de 0,018% et de 0,59% en Afrique.

La valeur ajoutée totale du Mali était constituée de: agriculture (39,1%), services (21,6%), industrie (16,6%), commerce (12,3%), transport (5,4%), construction (5,1%).

La valeur ajoutée par habitant au Mali était de 758.1 dollars dans les années 2010, se situant au 188ème rang mondial, à égalité avec l'Est (758,6 de dollars), d'Haïti (743,9 de dollars). La valeur ajoutée par habitant au Mali était 13,3 fois inférieure la valeur ajoutée par habitant au Monde (10 094,6 US$), et 2,5 fois inférieure la valeur ajoutée par habitant en Afrique (1 886,4 US$).

La croissance de la valeur ajoutée au Mali était de 8.4% dans les années 2010, se situant au 6ème rang mondial, à égalité avec le Turkménistan (8,3%), le Bénin (8,4%). La croissance de la valeur ajoutée au Mali (8,4%) a été supérieure à celle du monde (3,1%), et supérieure à celle de l'Afrique (2,7%).

Comparaison avec les voisins. La valeur ajoutée du Mali était 8,6% supérieure à celle du Burkina Faso (12,0 milliards de dollars), 33,4% supérieure à celle du Niger (9,8 milliards de dollars), 58,4% supérieure à celle de la Guinée (8,3 milliards de dollars) et 2,1 fois supérieure à celle de la Mauritanie (6,1 milliards de dollars); mais 13,6 fois inférieure à celle de l'Algérie (177,6 milliards de dollars), 3,1 fois inférieure à celle de la Côte d'Ivoire (40,4 milliards de dollars) et 26,9% inférieure à celle du Sénégal (17,9 milliards de dollars). La valeur ajoutée par habitant au Mali était 4,4% supérieure à celle de la Guinée (726,3 de dollars), 12,6% supérieure à celle du Burkina Faso (673,1 de dollars) et 52,5% supérieure à celle du Niger (497,0 de dollars); mais 5,9 fois inférieure à celle de l'Algérie (4 508,0 de dollars), 2,3 fois inférieure à celle de la Côte d'Ivoire (1 756,0 de dollars), 2,0 fois inférieure à celle de la Mauritanie (1 534,5 de dollars) et 38,9% inférieure à celle du Sénégal (1 240,1 de dollars). La croissance de la valeur ajoutée au Mali était supérieure à celle du Niger (6,6%), de la Guinée (6,3%), du Burkina Faso (5,8%), du Sénégal (4,8%), de la Mauritanie (3,4%), de l'Algérie (2,9%) et de la Côte d'Ivoire (-4,3%).

Comparaison avec les leaders. La valeur ajoutée du Mali était 1 373,1 fois inférieure à celle des États-Unis (18,0 billions de dollars), 803,1 fois inférieure à celle de la Chine (10,5 billions de dollars), 397,6 fois inférieure à celle du Japon (5,2 billions de dollars), 252,5 fois inférieure à celle de l'Allemagne (3,3 billions de dollars) et 188,8 fois inférieure à celle du Royaume-Uni (2,5 billions de dollars). La valeur ajoutée par habitant au Mali était 74,2 fois inférieure à celle des États-Unis (56 220,3 de dollars), 53,6 fois inférieure à celle du Japon (40 660,3 de dollars), 53,2 fois inférieure à celle de l'Allemagne (40 346,4 de dollars), 49,7 fois inférieure à celle du Royaume-Uni (37 659,6 de dollars) et 9,9 fois inférieure à celle de la Chine (7 491,3 de dollars). La croissance de la valeur ajoutée au Mali était supérieure à celle de la Chine (7,7%), des États-Unis (2,2%), de l'Allemagne (1,9%), du Royaume-Uni (1,8%) et du Japon (1,3%).

Chapitre III. Revenu national brut

Le revenu national brut du Mali est passé de 742,0 millions de dollars par an dans les années 1970 à 13,6 milliards de dollars par an dans les années 2010, c'est-à-dire 12,9 milliards de dollars ou de 18,4 fois. La variation a été de 1,3 milliards de dollars en raison de l'augmentation de 1,1 fois des prix, et de 10,4 milliards de dollars en raison de la croissance de productivité de 6,2 fois, et de 1,2 milliards de dollars en raison de la croissance démographique. La croissance annuelle moyenne du RNB était de 7,0%. La valeur minimale était de 324,1 millions de dollars en 1970. La valeur maximale était de 17,0 milliards de dollars en 2019.

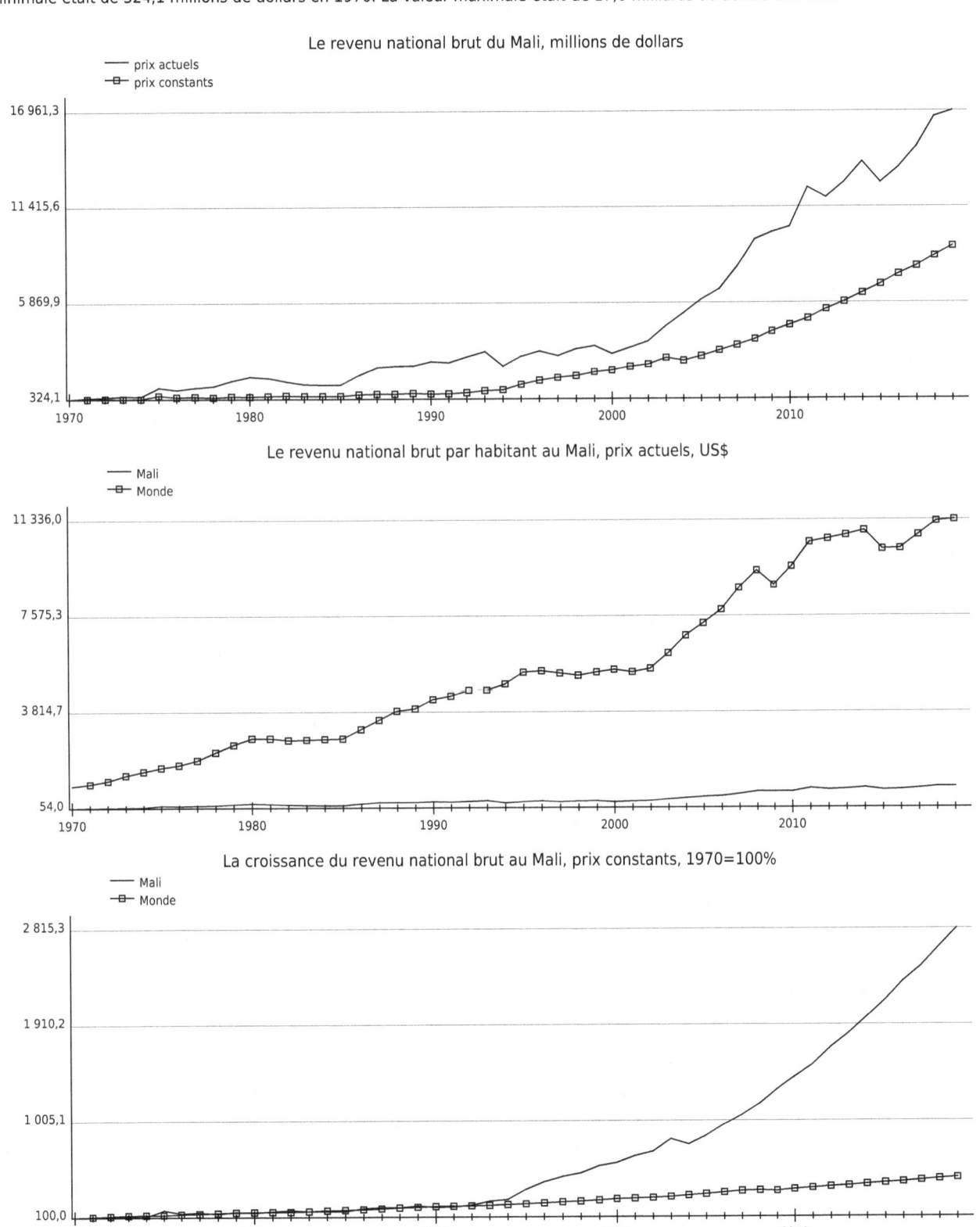

Les années 1970

Le RNB du Mali était de 742,0 millions de dollars par an dans les années 1970, se classant au 118ème rang mondial. La part dans le monde était de 0,011% et de 0,29% en Afrique.

Le revenu national brut par habitant au Mali était de 115.2 dollars dans les années 1970, se situant au 180ème rang mondial, à égalité avec l'Éthiopie (115,8 de dollars). Le RNB par habitant au Mali était 14,1 fois inférieur le RNB par habitant au Monde (1 624,3 US$), et 5,5 fois inférieur le RNB par habitant en Afrique (632,4 US$).

La croissance du RNB au Mali était de 4.5% dans les années 1970, se classant au 88ème rang mondial, à égalité avec le Portugal (4,5%), le Burkina Faso (4,5%), le Belize (4,5%). La croissance du RNB au Mali (4,5%) a été supérieure à celle du monde (4,1%), et inférieure à celle de l'Afrique (4,7%).

Comparaison avec les voisins. Le RNB du Mali était inférieur à celui de l'Algérie (15,1 milliards de dollars), de la Côte d'Ivoire (4,1 milliards de dollars), du Sénégal (2,2 milliards de dollars), du Niger (1,3 milliards de dollars), de la Guinée (1,1 milliards de dollars), du Burkina Faso (990,7 millions de dollars) et de la Mauritanie (902,7 millions de dollars). Le RNB par habitant au Mali était inférieur à celui de l'Algérie (919,0 de dollars), de la Mauritanie (686,4 de dollars), de la Côte d'Ivoire (647,9 de dollars), du Sénégal (463,1 de dollars), du Niger (253,2 de dollars), de la Guinée (251,6 de dollars) et du Burkina Faso (161,8 de dollars). La croissance du RNB au Mali était supérieure à celle du Burkina Faso (4,5%), de la Mauritanie (3,1%), de la Guinée (3,0%), du Sénégal (2,5%) et du Niger (1,4%); mais inférieure à celle de la Côte d'Ivoire (6,5%) et de l'Algérie (6,4%).

Comparaison avec les leaders. Le revenu national brut du Mali était inférieur à celui des États-Unis (1,7 billions de dollars), de l'URSS (649,4 milliards de dollars), du Japon (558,5 milliards de dollars), de l'Allemagne (486,2 milliards de dollars) et de la France (334,3 milliards de dollars). Le revenu national brut par habitant au Mali était inférieur à celui des États-Unis (7 837,2 de dollars), de la France (6 235,1 de dollars), de l'Allemagne (6 174,4 de dollars), du Japon (5 015,3 de dollars) et de l'URSS (2 574,9 de dollars). La croissance du revenu national brut au Mali était supérieure à celle de la France (3,9%), des États-Unis (3,5%) et de l'Allemagne (3,0%); mais inférieure à celle de l'URSS (4,8%) et du Japon (4,7%).

Les années 1980

Le RNB du Mali était de 1,6 milliards de dollars par an dans les années 1980, se classant au 124ème rang mondial à égalité avec Malte (1,6 milliards de dollars). La part dans le monde était de 0,011% et de 0,31% en Afrique.

Le RNB par habitant au Mali était de 210.5 dollars dans les années 1980, se situant au 178ème rang mondial. Le RNB par habitant au Mali était 14,8 fois inférieur le RNB par habitant au Monde (3 117,1 US$), et 4,6 fois inférieur le RNB par habitant en Afrique (957,8 US$).

La croissance du RNB au Mali était de 3.2% dans les années 1980, au 77ème rang mondial, à égalité avec Sierra Leone (3,1%), la Palestine (3,1%), d'Israël (3,2%). La croissance du revenu national brut au Mali (3,2%) a été supérieure à celle du monde (3,0%), et supérieure à celle de l'Afrique (1,6%).

Comparaison avec les voisins. Le RNB du Mali était inférieur à celui de l'Algérie (51,8 milliards de dollars), de la Côte d'Ivoire (8,0 milliards de dollars), du Sénégal (4,4 milliards de dollars), du Niger (2,8 milliards de dollars), de la Guinée (2,6 milliards de dollars), du Burkina Faso (2,2 milliards de dollars) et de la Mauritanie (1,8 milliards de dollars). Le RNB par habitant au Mali était inférieur à celui de l'Algérie (2 341,4 de dollars), de la Mauritanie (1 029,2 de dollars), de la Côte d'Ivoire (822,8 de dollars), du Sénégal (684,8 de dollars), de la Guinée (473,0 de dollars), du Niger (402,2 de dollars) et du Burkina Faso (285,5 de dollars). La croissance du RNB au Mali était supérieure à celle de la Guinée (3,0%), de l'Algérie (2,8%), du Sénégal (1,5%), de la Mauritanie (1,1%), de la Côte d'Ivoire (-0,18%) et du Niger (-1,3%); mais inférieure à celle du Burkina Faso (3,7%).

Comparaison avec les leaders. Le revenu national brut du Mali était inférieur à celui des États-Unis (4,2 billions de dollars), du Japon (1,8 billions de dollars), de l'Allemagne (996,5 milliards de dollars), de l'URSS (887,0 milliards de dollars) et de la France (732,1 milliards de dollars). Le RNB par habitant au Mali était inférieur à celui des États-Unis (17 362,5 de dollars), du Japon (15 042,8 de dollars), de la France (12 952,6 de dollars), de l'Allemagne (12 771,0 de dollars) et de l'URSS (3 222,9 de dollars). La croissance du revenu national brut au Mali était supérieure à celle des États-Unis (3,1%), de la France (2,3%) et de l'Allemagne (2,0%); mais inférieure à celle du Japon (4,4%) et de l'URSS (4,3%).

Les années 1990

Chapitre III. Revenu national brut

Le revenu national brut du Mali était de 2,8 milliards de dollars par an dans les années 1990, au 137ème rang mondial à égalité avec le Turkménistan (2,8 milliards de dollars), l'Afghanistan (2,8 milliards de dollars), le Niger (2,8 milliards de dollars). La part dans le monde était de 0,0099% et de 0,50% en Afrique.

Le revenu national brut par habitant au Mali était de 297.5 dollars dans les années 1990, se situant au 189ème rang mondial, à égalité avec le Niger (296,0 de dollars), le Malawi (301,1 de dollars), le Laos (305,1 de dollars). Le RNB par habitant au Mali était 16,8 fois inférieur le RNB par habitant au Monde (4 991,4 US$), et 2,7 fois inférieur le RNB par habitant en Afrique (799,7 US$).

La croissance du revenu national brut au Mali était de 11.1% dans les années 1990, se classant au 4ème rang mondial. La croissance du revenu national brut au Mali (11,1%) a été supérieure à celle du monde (2,8%), et supérieure à celle de l'Afrique (2,5%).

Comparaison avec les voisins. Le RNB du Mali était supérieur à celui du Niger (2,8 milliards de dollars) et de la Mauritanie (2,2 milliards de dollars); mais inférieur à celui de l'Algérie (46,4 milliards de dollars), de la Côte d'Ivoire (10,5 milliards de dollars), du Sénégal (6,7 milliards de dollars), de la Guinée (4,6 milliards de dollars) et du Burkina Faso (3,2 milliards de dollars). Le RNB par habitant au Mali était supérieur à celui du Niger (296,0 de dollars); mais inférieur à celui de l'Algérie (1 634,8 de dollars), de la Mauritanie (962,3 de dollars), du Sénégal (782,4 de dollars), de la Côte d'Ivoire (750,0 de dollars), de la Guinée (637,3 de dollars) et du Burkina Faso (317,0 de dollars). La croissance du revenu national brut au Mali était supérieure à celle du Burkina Faso (4,9%), de la Guinée (4,8%), du Sénégal (4,1%), de la Mauritanie (3,3%), de la Côte d'Ivoire (2,9%), du Niger (2,6%) et de l'Algérie (1,4%).

Comparaison avec les leaders. Le revenu national brut du Mali était inférieur à celui des États-Unis (7,5 billions de dollars), du Japon (4,4 billions de dollars), de l'Allemagne (2,2 billions de dollars), de la France (1,4 billions de dollars) et du Royaume-Uni (1,3 billions de dollars). Le RNB par habitant au Mali était inférieur à celui du Japon (34 665,3 de dollars), des États-Unis (28 503,5 de dollars), de l'Allemagne (27 004,0 de dollars), de la France (24 286,5 de dollars) et du Royaume-Uni (23 037,3 de dollars). La croissance du RNB au Mali était supérieure à celle des États-Unis (3,4%), de la France (2,2%), du Royaume-Uni (2,0%), de l'Allemagne (2,0%) et du Japon (1,5%).

Les années 2000

Le RNB du Mali était de 6,0 milliards de dollars par an dans les années 2000, se situant au 133ème rang mondial à égalité avec le Burkina Faso (5,9 milliards de dollars), la Nouvelle-Calédonie (6,1 milliards de dollars), le Cambodge (5,9 milliards de dollars). La part dans le monde était de 0,013% et de 0,56% en Afrique.

Le RNB par habitant au Mali était de 472.3 dollars dans les années 2000, se situant au 189ème rang mondial. Le RNB par habitant au Mali était 15,2 fois inférieur le RNB par habitant au Monde (7 165,2 US$), et 2,5 fois inférieur le RNB par habitant en Afrique (1 185,1 US$).

La croissance du revenu national brut au Mali était de 8.4% dans les années 2000, se situant au 15ème rang mondial. La croissance du RNB au Mali (8,4%) a été supérieure à celle du monde (3,0%), et supérieure à celle de l'Afrique (5,1%).

Comparaison avec les voisins. Le RNB du Mali était supérieur à celui du Burkina Faso (5,9 milliards de dollars), de la Guinée (5,0 milliards de dollars), du Niger (4,5 milliards de dollars) et de la Mauritanie (3,1 milliards de dollars); mais inférieur à celui de l'Algérie (95,8 milliards de dollars), de la Côte d'Ivoire (16,3 milliards de dollars) et du Sénégal (10,5 milliards de dollars). Le revenu national brut par habitant au Mali était supérieur à celui du Burkina Faso (442,3 de dollars) et du Niger (330,8 de dollars); mais inférieur à celui de l'Algérie (2 900,1 de dollars), de la Mauritanie (1 046,4 de dollars), du Sénégal (957,8 de dollars), de la Côte d'Ivoire (893,3 de dollars) et de la Guinée (552,4 de dollars). La croissance du RNB au Mali était supérieure à celle du Burkina Faso (5,2%), de l'Algérie (4,3%), du Niger (3,8%), du Sénégal (3,4%), de la Mauritanie (3,1%), de la Guinée (2,7%) et de la Côte d'Ivoire (1,1%).

Comparaison avec les leaders. Le RNB du Mali était inférieur à celui des États-Unis (12,7 billions de dollars), du Japon (4,8 billions de dollars), de l'Allemagne (2,8 billions de dollars), de la Chine (2,6 billions de dollars) et du Royaume-Uni (2,3 billions de dollars). Le revenu national brut par habitant au Mali était inférieur à celui des États-Unis (43 177,4 de dollars), du Royaume-Uni (38 514,5 de dollars), du Japon (37 144,2 de dollars), de l'Allemagne (34 189,0 de dollars) et de la Chine (1 950,5 de dollars). La croissance du revenu national brut au Mali était supérieure à celle des États-Unis (1,8%), du Royaume-Uni (1,7%), de l'Allemagne (1,0%) et du Japon (0,62%); mais inférieure à celle de la Chine (10,4%).

Les années 2010

Le RNB du Mali était de 13,6 milliards de dollars par an dans les années 2010, se classant au 126ème rang mondial. La part dans le monde était de 0,018% et de 0,61% en Afrique.

Le RNB par habitant au Mali était de 790.7 dollars dans les années 2010, se classant au 189ème rang mondial, à égalité avec le Népal (800,9 de dollars), l'Est (808,7 de dollars), la Guinée (772,2 de dollars). Le RNB par habitant au Mali était 13,4 fois inférieur le revenu national brut par habitant au Monde (10 611,7 US$), et 2,4 fois inférieur le revenu national brut par habitant en Afrique (1 913,3 US$).

La croissance du revenu national brut au Mali était de 8.1% dans les années 2010, se situant au 7ème rang mondial. La croissance du RNB au Mali (8,1%) a été supérieure à celle du monde (3,1%), et supérieure à celle de l'Afrique (2,9%).

Comparaison avec les voisins. Le revenu national brut du Mali était 5,6% supérieur à celui du Burkina Faso (12,9 milliards de dollars), 33,7% supérieur à celui du Niger (10,2 milliards de dollars), 55,4% supérieur à celui de la Guinée (8,8 milliards de dollars) et 2,1 fois supérieur à celui de la Mauritanie (6,6 milliards de dollars); mais 13,3 fois inférieur à celui de l'Algérie (181,0 milliards de dollars), 3,1 fois inférieur à celui de la Côte d'Ivoire (42,0 milliards de dollars) et 28,2% inférieur à celui du Sénégal (19,0 milliards de dollars). Le revenu national brut par habitant au Mali était 2,4% supérieur à celui de la Guinée (772,2 de dollars), 9,5% supérieur à celui du Burkina Faso (722,3 de dollars) et 52,8% supérieur à celui du Niger (517,4 de dollars); mais 5,8 fois inférieur à celui de l'Algérie (4 594,5 de dollars), 2,3 fois inférieur à celui de la Côte d'Ivoire (1 827,1 de dollars), 2,1 fois inférieur à celui de la Mauritanie (1 639,1 de dollars) et 40,0% inférieur à celui du Sénégal (1 317,9 de dollars). La croissance du revenu national brut au Mali était supérieure à celle de la Guinée (6,2%), du Niger (6,1%), du Burkina Faso (6,0%), du Sénégal (5,2%), de la Mauritanie (3,5%), de l'Algérie (2,6%) et de la Côte d'Ivoire (-2,0%).

Comparaison avec les leaders. Le revenu national brut du Mali était 1 341,7 fois inférieur à celui des États-Unis (18,3 billions de dollars), 767,2 fois inférieur à celui de la Chine (10,5 billions de dollars), 395,7 fois inférieur à celui du Japon (5,4 billions de dollars), 274,8 fois inférieur à celui de l'Allemagne (3,7 billions de dollars) et 201,3 fois inférieur à celui de la France (2,7 billions de dollars). Le revenu national brut par habitant au Mali était 72,5 fois inférieur à celui des États-Unis (57 299,9 de dollars), 57,9 fois inférieur à celui de l'Allemagne (45 801,3 de dollars), 53,4 fois inférieur à celui du Japon (42 204,7 de dollars), 52,4 fois inférieur à celui de la France (41 404,4 de dollars) et 9,4 fois inférieur à celui de la Chine (7 463,8 de dollars). La croissance du revenu national brut au Mali était supérieure à celle de la Chine (7,7%), des États-Unis (2,5%), de l'Allemagne (2,0%), du Japon (1,4%) et de la France (1,4%).

Partie II. Structure

	Les années 2010
agriculture	39,1%
industrie	16,6%
construction	5,1%
commerce	12,3%
transport	5,4%
services	21,6%

Chapitre IV. Agriculture

Agriculture, chasse, sylviculture et pêche (ISIC A-B)

Le secteur de l'agriculture au Mali est passé de 569,3 millions de dollars par an dans les années 1970 à 5,1 milliards de dollars par an dans les années 2010, c'est-à-dire 4,5 milliards de dollars ou de 9,0 fois. La variation a été de -3,2 milliards de dollars en raison de la baisse de 1,6 fois du prix, et de 6,8 milliards de dollars en raison de la croissance de productivité de 5,4 fois, et de 956,2 millions de dollars en raison de la croissance démographique. La croissance annuelle moyenne de l'agriculture était de 6,5%. La valeur minimale était de 272,0 millions de dollars en 1970. La valeur maximale était de 6,4 milliards de dollars en 2019.

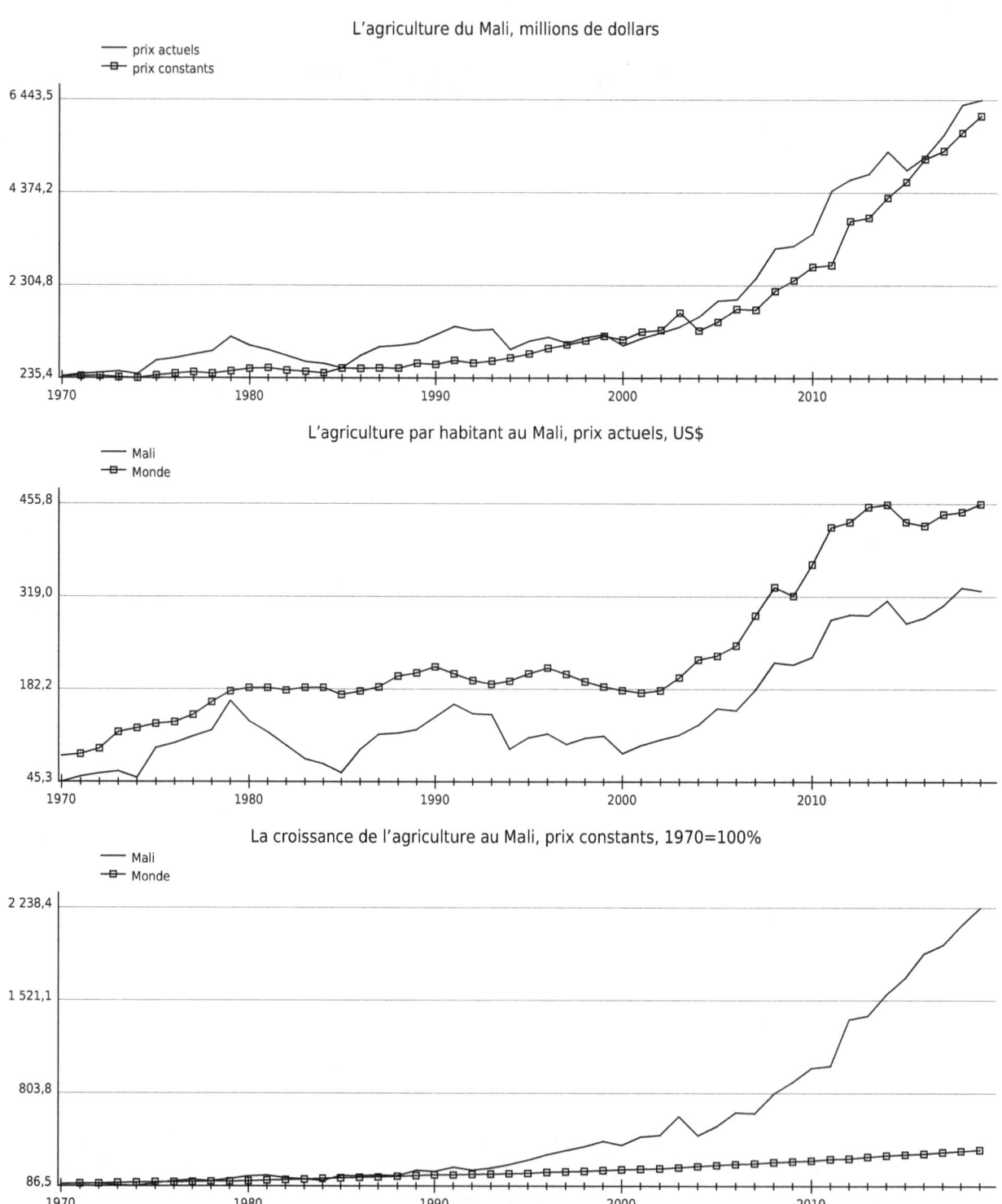

Chapitre IV. Agriculture

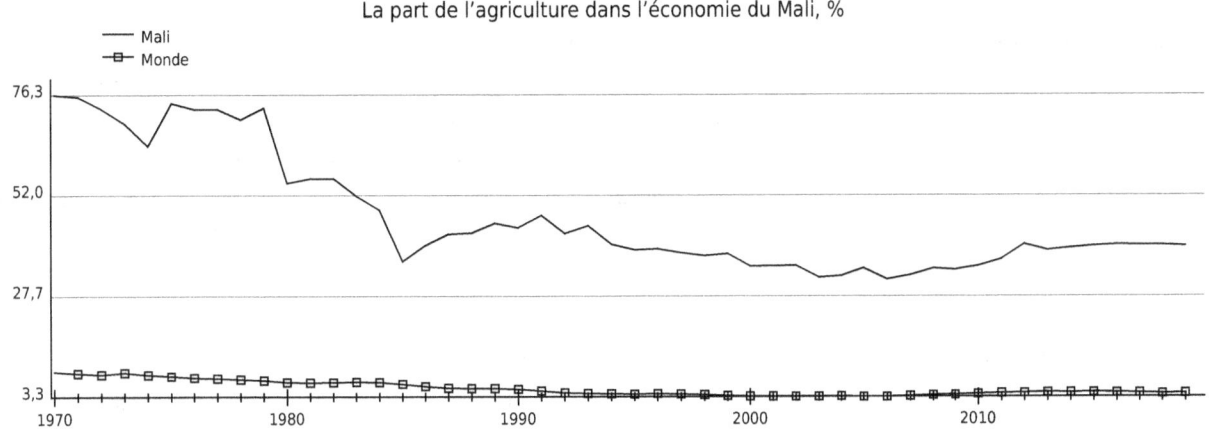

Les années 1970

L'agriculture du Mali était de 569,3 millions de dollars par an dans les années 1970, au 81ème rang mondial à égalité avec le Niger (560,1 millions de dollars). La part dans le monde était de 0,11% et de 1,2% en Afrique.

La part de l'agriculture dans l'économie du Mali était de 72,2% dans les années 1970, au 1er rang mondial.

L'agriculture par habitant au Mali était de 88.4 dollars dans les années 1970, au 117ème rang mondial, à égalité avec le Zimbabwe (87,9 de dollars), le Royaume-Uni (87,6 de dollars), l'Égypte (89,4 de dollars). L'agriculture par habitant au Mali était 30,7% inférieure l'agriculture par habitant au Monde (127,6 US$), et 21,2% inférieure l'agriculture par habitant en Afrique (112,2 US$).

La croissance de l'agriculture au Mali était de 4% dans les années 1970, au 57ème rang mondial, à égalité avec les Philippines (4,0%), l'Asie du Sud-Est (4,0%), le Kenya (4,1%). La croissance de l'agriculture au Mali (4,0%) a été supérieure à celle du monde (2,2%), et supérieure à celle de l'Afrique (1,7%).

Comparaison avec les voisins. L'agriculture du Mali était supérieure à celle du Niger (560,1 millions de dollars), du Sénégal (491,8 millions de dollars), de la Mauritanie (304,8 millions de dollars), du Burkina Faso (253,5 millions de dollars) et de la Guinée (237,9 millions de dollars); mais inférieure à celle de l'Algérie (1,5 milliards de dollars) et de la Côte d'Ivoire (1,1 milliards de dollars). L'agriculture par habitant au Mali était supérieure à celle de la Guinée (53,3 de dollars) et du Burkina Faso (41,4 de dollars); mais inférieure à celle de la Mauritanie (231,8 de dollars), de la Côte d'Ivoire (177,6 de dollars), du Niger (109,1 de dollars), du Sénégal (101,3 de dollars) et de l'Algérie (90,6 de dollars). La croissance de l'agriculture au Mali était supérieure à celle de la Guinée (3,0%), de l'Algérie (2,4%), du Sénégal (1,6%), du Burkina Faso (0,54%), de la Mauritanie (-3,0%) et du Niger (-3,9%); mais inférieure à celle de la Côte d'Ivoire (4,4%).

Comparaison avec les leaders. La valeur de l'agriculture au Mali était inférieure à celle de l'URSS (88,7 milliards de dollars), de la Chine (49,5 milliards de dollars), des États-Unis (42,6 milliards de dollars), de l'Inde (36,0 milliards de dollars) et du Japon (25,8 milliards de dollars). L'agriculture par habitant au Mali était supérieure à celle de l'Inde (58,3 de dollars) et de la Chine (54,2 de dollars); mais inférieure à celle de l'URSS (351,8 de dollars), du Japon (231,3 de dollars) et des États-Unis (195,0 de dollars). La croissance de l'agriculture au Mali était supérieure à celle de la Chine (2,4%), du Japon (0,52%), des États-Unis (0,34%) et de l'Inde (0,30%); mais inférieure à celle de l'URSS (7,0%).

Les années 1980

L'agriculture du Mali était de 780,5 millions de dollars par an dans les années 1980, se situant au 91ème rang mondial à égalité avec d'Haïti (762,7 millions de dollars). La part dans le monde était de 0,087% et de 0,91% en Afrique.

La part de l'agriculture dans l'économie du Mali était de 46,8% dans les années 1980, se classant au 10ème rang mondial, à égalité avec le Cambodge (46,4%).

L'agriculture par habitant au Mali était de 101 dollars dans les années 1980, se situant au 144ème rang mondial, à égalité avec l'Asie du Sud (101,6 de dollars), la Tanzanie (102,6 de dollars), la Guinée (99,1 de dollars). L'agriculture par habitant au Mali était 45,9% inférieure l'agriculture par habitant au Monde (186,6 US$), et 36,5% inférieure l'agriculture par habitant en Afrique (159,2 US$).

La croissance de l'agriculture au Mali était de 3.7% dans les années 1980, au 45ème rang mondial, à égalité avec l'Irak (3,7%), l'Indonésie (3,7%), le Yémen (3,7%). La croissance de l'agriculture au Mali (3,7%) a été supérieure à celle du monde (3,1%), et supérieure à celle de l'Afrique (2,8%).

Comparaison avec les voisins. La valeur ajoutée de l'agriculture au Mali était supérieure à celle de la Mauritanie (685,7 millions de dollars), de la Guinée (540,0 millions de dollars) et du Burkina Faso (533,3 millions de dollars); mais inférieure à celle de l'Algérie (4,9 milliards de dollars), de la Côte d'Ivoire (2,5 milliards de dollars), du Niger (937,2 millions de dollars) et du Sénégal (826,5 millions de dollars). L'agriculture par habitant au Mali était supérieure à celle de la Guinée (99,1 de dollars) et du Burkina Faso (69,7 de dollars); mais inférieure à celle de la Mauritanie (390,2 de dollars), de la Côte d'Ivoire (256,0 de dollars), de l'Algérie (219,4 de dollars), du Niger (137,0 de dollars) et du Sénégal (129,1 de dollars). La croissance de l'agriculture au Mali était supérieure à celle de la Guinée (2,6%), du Niger (1,6%), de la Mauritanie (0,060%) et du Sénégal (-0,12%); mais inférieure à celle de la Côte d'Ivoire (5,1%), de l'Algérie (4,7%) et du Burkina Faso (3,9%).

Comparaison avec les leaders. La valeur ajoutée de l'agriculture au Mali était inférieure à celle de l'URSS (125,8 milliards de dollars), de la Chine (94,9 milliards de dollars), de l'Inde (70,4 milliards de dollars), des États-Unis (68,7 milliards de dollars) et du Japon (49,7 milliards de dollars). L'agriculture par habitant au Mali était supérieure à celle de l'Inde (90,7 de dollars) et de la Chine (88,5 de dollars); mais inférieure à celle de l'URSS (457,2 de dollars), du Japon (410,0 de dollars) et des États-Unis (286,8 de dollars). La croissance de l'agriculture au Mali était supérieure à celle des États-Unis (3,7%), de l'URSS (2,8%) et du Japon (0,41%); mais inférieure à celle de la Chine (5,3%) et de l'Inde (4,4%).

Les années 1990

La valeur de l'agriculture au Mali était de 1,2 milliards de dollars par an dans les années 1990, se classant au 92ème rang mondial à égalité avec le Sénégal (1,2 milliards de dollars), la Croatie (1,2 milliards de dollars), le Paraguay (1,2 milliards de dollars). La part dans le monde était de 0,10% et de 1,2% en Afrique.

La part de l'agriculture dans l'économie du Mali était de 41,0% dans les années 1990, se classant au 15ème rang mondial, à égalité avec le Rwanda (40,7%), le Laos (41,4%).

L'agriculture par habitant au Mali était de 122.6 dollars dans les années 1990, se situant au 157ème rang mondial, à égalité avec le Cambodge (123,2 de dollars), la république du Congo (121,1 de dollars), l'Afrique australe (124,6 de dollars). L'agriculture par habitant au Mali était 38,7% inférieure l'agriculture par habitant au Monde (199,8 US$), et 8,9% inférieure l'agriculture par habitant en Afrique (134,5 US$).

La croissance de l'agriculture au Mali était de 7.6% dans les années 1990, au 9ème rang mondial. La croissance de l'agriculture au Mali (7,6%) a été supérieure à celle du monde (2,2%), et supérieure à celle de l'Afrique (2,8%).

Comparaison avec les voisins. L'agriculture du Mali était supérieure à celle de la Guinée (1,1 milliards de dollars), du Niger (926,9 millions de dollars), du Burkina Faso (835,5 millions de dollars) et de la Mauritanie (693,7 millions de dollars); mais inférieure à celle de l'Algérie (5,2 milliards de dollars), de la Côte d'Ivoire (3,0 milliards de dollars) et du Sénégal (1,2 milliards de dollars). L'agriculture par habitant au Mali était supérieure à celle du Niger (98,8 de dollars) et du Burkina Faso (83,6 de dollars); mais inférieure à celle de la Mauritanie (303,0 de dollars), de la Côte d'Ivoire (214,7 de dollars), de l'Algérie (184,2 de dollars), de la Guinée (148,7 de dollars) et du Sénégal (135,9 de dollars). La croissance de l'agriculture au Mali était supérieure à celle du Burkina Faso (6,4%), de la Guinée (4,5%), du Niger (3,9%), de l'Algérie (3,4%), du Sénégal (3,0%), de la Côte d'Ivoire (2,1%) et de la Mauritanie (0,59%).

Comparaison avec les leaders. Le secteur de l'agriculture au Mali était inférieur à celui de la Chine (139,0 milliards de dollars), des États-Unis (96,1 milliards de dollars), de l'Inde (91,4 milliards de dollars), du Japon (78,9 milliards de dollars) et du Brésil (36,8 milliards de dollars). L'agriculture par habitant au Mali était supérieure à celle de la Chine (112,7 de dollars) et de l'Inde (95,6 de dollars); mais inférieure à celle du Japon (625,5 de dollars), des États-Unis (363,4 de dollars) et du Brésil (228,7 de dollars). La croissance de l'agriculture au Mali était supérieure à celle de la Chine (4,3%), du Brésil (3,0%), de l'Inde (2,8%), des États-Unis (2,6%) et du Japon (-1,8%).

Les années 2000

La valeur de l'agriculture au Mali était de 1,9 milliards de dollars par an dans les années 2000, se classant au 87ème rang mondial. La part dans le monde était de 0,12% et de 1,2% en Afrique.

La part de l'agriculture dans l'économie du Mali était de 33,6% dans les années 2000, se situant au 18ème rang mondial, à égalité avec le Guyana (33,7%), le Cambodge (33,7%).

Chapitre IV. Agriculture

L'agriculture par habitant au Mali était de 150.5 dollars dans les années 2000, se classant au 148ème rang mondial, à égalité avec le Laos (150,7 de dollars), le Liberia (151,6 de dollars), l'Andorre (149,1 de dollars). L'agriculture par habitant au Mali était 37,4% inférieure l'agriculture par habitant au Monde (240,3 US$), et 17,3% inférieure l'agriculture par habitant en Afrique (182,0 US$).

La croissance de l'agriculture au Mali était de 7.5% dans les années 2000, au 10ème rang mondial. La croissance de l'agriculture au Mali (7,5%) a été supérieure à celle du monde (3,0%), et supérieure à celle de l'Afrique (5,1%).

Comparaison avec les voisins. Le secteur de l'agriculture au Mali était supérieur à celui du Niger (1,7 milliards de dollars), du Sénégal (1,6 milliards de dollars), du Burkina Faso (1,5 milliards de dollars), de la Guinée (862,3 millions de dollars) et de la Mauritanie (627,3 millions de dollars); mais inférieur à celui de l'Algérie (8,1 milliards de dollars) et de la Côte d'Ivoire (4,0 milliards de dollars). L'agriculture par habitant au Mali était supérieure à celle du Sénégal (141,3 de dollars), du Niger (125,3 de dollars), du Burkina Faso (111,1 de dollars) et de la Guinée (95,2 de dollars); mais inférieure à celle de l'Algérie (245,5 de dollars), de la Côte d'Ivoire (220,4 de dollars) et de la Mauritanie (209,6 de dollars). La croissance de l'agriculture au Mali était supérieure à celle de l'Algérie (5,9%), du Niger (3,9%), du Sénégal (2,3%), de la Guinée (1,9%), du Burkina Faso (1,7%), de la Côte d'Ivoire (0,63%) et de la Mauritanie (-0,21%).

Comparaison avec les leaders. La valeur de l'agriculture au Mali était inférieure à celle de la Chine (297,7 milliards de dollars), de l'Inde (147,6 milliards de dollars), des États-Unis (122,5 milliards de dollars), du Japon (57,1 milliards de dollars) et du Nigeria (47,6 milliards de dollars). L'agriculture par habitant au Mali était supérieure à celle de l'Inde (129,7 de dollars); mais inférieure à celle du Japon (445,6 de dollars), des États-Unis (416,9 de dollars), du Nigeria (346,4 de dollars) et de la Chine (224,5 de dollars). La croissance de l'agriculture au Mali était supérieure à celle de la Chine (4,0%), des États-Unis (3,6%), de l'Inde (2,0%) et du Japon (-1,3%); mais inférieure à celle du Nigeria (10,1%).

Les années 2010

La valeur ajoutée de l'agriculture au Mali était de 5,1 milliards de dollars par an dans les années 2010, au 64ème rang mondial à égalité avec l'Autriche (5,1 milliards de dollars), la Hongrie (5,2 milliards de dollars). La part dans le monde était de 0,16% et de 1,5% en Afrique.

La part de l'agriculture dans l'économie du Mali était de 39,1% dans les années 2010, au 5ème rang mondial, à égalité avec le Burundi (38,9%), l'Éthiopie (38,8%).

L'agriculture par habitant au Mali était de 296.2 dollars dans les années 2010, au 126ème rang mondial, à égalité avec l'Afrique (294,3 de dollars), les Philippines (292,5 de dollars), les Bermudes (292,2 de dollars). L'agriculture par habitant au Mali était 31,4% inférieure l'agriculture par habitant au Monde (432,1 US$), et 0,67% supérieure l'agriculture par habitant en Afrique (294,3 US$).

La croissance de l'agriculture au Mali était de 9.7% dans les années 2010, se classant au 5ème rang mondial. La croissance de l'agriculture au Mali (9,7%) a été supérieure à celle du monde (2,9%), et supérieure à celle de l'Afrique (3,7%).

Comparaison avec les voisins. Le secteur de l'agriculture au Mali était 39,4% supérieur à celui du Niger (3,7 milliards de dollars), 70,5% supérieur à celui du Burkina Faso (3,0 milliards de dollars), 81,9% supérieur à celui du Sénégal (2,8 milliards de dollars), 3,0 fois supérieur à celui de la Guinée (1,7 milliards de dollars) et 4,1 fois supérieur à celui de la Mauritanie (1,2 milliards de dollars); mais 3,7 fois inférieur à celui de l'Algérie (19,2 milliards de dollars) et 40,8% inférieur à celui de la Côte d'Ivoire (8,6 milliards de dollars). L'agriculture par habitant au Mali était 52,0% supérieure à celle du Sénégal (194,9 de dollars), 59,3% supérieure à celle du Niger (185,9 de dollars), 76,8% supérieure à celle du Burkina Faso (167,5 de dollars) et 97,5% supérieure à celle de la Guinée (150,0 de dollars); mais 39,1% inférieure à celle de l'Algérie (486,2 de dollars), 21,0% inférieure à celle de la Côte d'Ivoire (374,9 de dollars) et 3,9% inférieure à celle de la Mauritanie (308,4 de dollars). La croissance de l'agriculture au Mali était supérieure à celle de la Guinée (7,4%), du Niger (7,1%), de l'Algérie (4,9%), du Burkina Faso (4,6%), du Sénégal (4,1%), de la Mauritanie (2,3%) et de la Côte d'Ivoire (0,32%).

Comparaison avec les leaders. La valeur de l'agriculture au Mali était 173,4 fois inférieure à celle de la Chine (886,2 milliards de dollars), 71,1 fois inférieure à celle de l'Inde (363,4 milliards de dollars), 35,3 fois inférieure à celle des États-Unis (180,3 milliards de dollars), 24,3 fois inférieure à celle de l'Indonésie (124,1 milliards de dollars) et 18,7 fois inférieure à celle du Nigeria (95,8 milliards de dollars). L'agriculture par habitant au Mali était 6,1% supérieure à celle de l'Inde (279,1 de dollars); mais 2,1 fois inférieure à celle de la Chine (631,9 de dollars), 47,5% inférieure à celle des États-Unis (564,3 de dollars), 44,6% inférieure à celle du Nigeria (534,6 de dollars) et 38,7% inférieure à celle de l'Indonésie (483,6 de dollars). La croissance de l'agriculture au Mali était supérieure à celle de l'Inde (4,1%), de l'Indonésie (3,9%), de la Chine (3,8%), du Nigeria (3,6%) et des États-Unis (2,0%).

Chapitre V. Industrie

Exploitation minière, fabrication, services publics (ISIC C-E)

L'industrie du Mali est passé de 51,5 millions de dollars par an dans les années 1970 à 2,2 milliards de dollars par an dans les années 2010, c'est-à-dire 2,1 milliards de dollars ou de 42,2 fois. La variation a été de 1,1 milliards de dollars en raison de l'augmentation de 2,1 fois des prix, et de 905,4 millions de dollars en raison de la croissance de productivité de 7,6 fois, et de 86,5 millions de dollars en raison de la croissance démographique. La croissance annuelle moyenne de l'industrie était de 7,2%. La valeur minimale était de 26,4 millions de dollars en 1970. La valeur maximale était de 3,0 milliards de dollars en 2019.

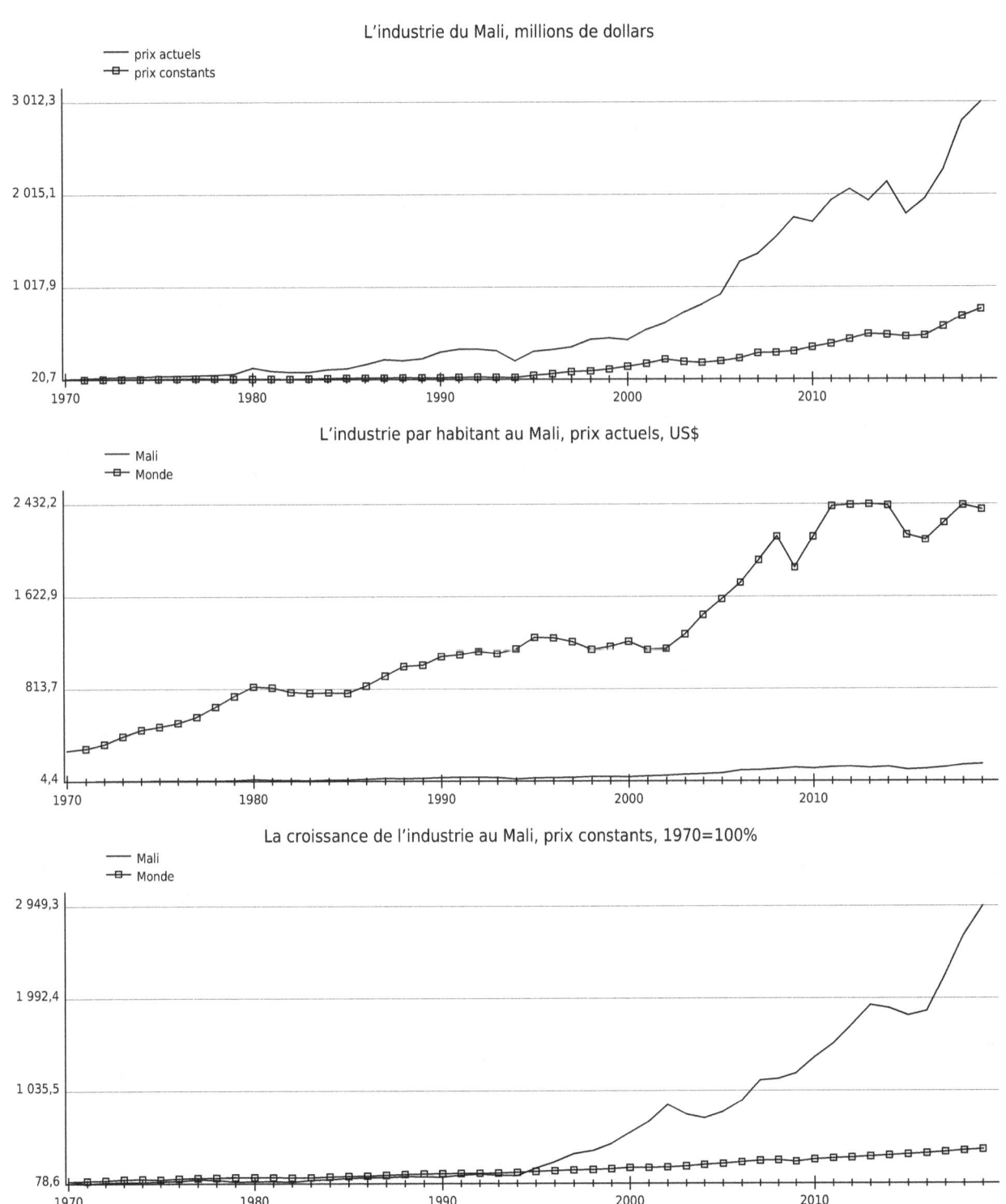

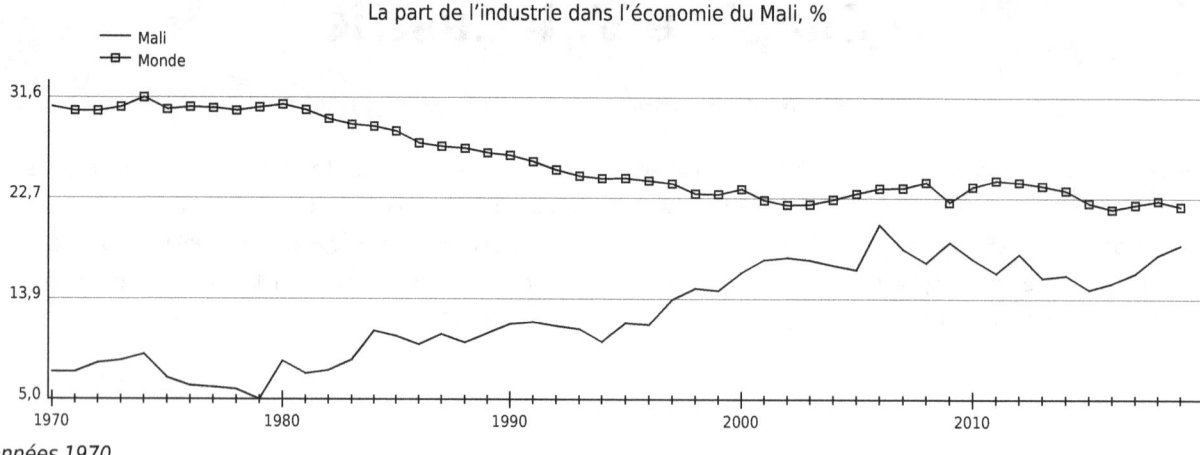

Les années 1970

La valeur de l'industrie au Mali était de 51,5 millions de dollars par an dans les années 1970, se classant au 143ème rang mondial. La part dans le monde était de 0,0027% et de 0,069% en Afrique.

La part de l'industrie dans l'économie du Mali était de 6,5% dans les années 1970, se classant au 166ème rang mondial, à égalité avec la Gambie (6,6%), la Dominique (6,6%), d'Aruba (6,5%).

L'industrie par habitant au Mali était de 8 dollars dans les années 1970, au 181ème rang mondial. L'industrie par habitant au Mali était 60,1 fois inférieure l'industrie par habitant au Monde (480,5 US$), et 22,7 fois inférieure l'industrie par habitant en Afrique (181,2 US$).

La croissance de l'industrie au Mali était de -0.3% dans les années 1970, se classant au 167ème rang mondial. La croissance de l'industrie au Mali (-0,29%) a été inférieure à celle du monde (4,0%), et inférieure à celle de l'Afrique (5,5%).

Comparaison avec les voisins. La valeur de l'industrie au Mali était inférieure à celle de l'Algérie (5,8 milliards de dollars), de la Côte d'Ivoire (568,5 millions de dollars), du Sénégal (455,2 millions de dollars), de la Guinée (306,5 millions de dollars), du Burkina Faso (291,2 millions de dollars), du Niger (229,0 millions de dollars) et de la Mauritanie (226,9 millions de dollars). L'industrie par habitant au Mali était inférieure à celle de l'Algérie (354,7 de dollars), de la Mauritanie (172,5 de dollars), du Sénégal (93,8 de dollars), de la Côte d'Ivoire (90,0 de dollars), de la Guinée (68,7 de dollars), du Burkina Faso (47,6 de dollars) et du Niger (44,6 de dollars). La croissance de l'industrie au Mali était supérieure à celle de la Mauritanie (-2,1%); mais inférieure à celle du Niger (12,6%), de la Côte d'Ivoire (8,1%), de l'Algérie (3,9%), du Sénégal (3,7%), de la Guinée (3,0%) et du Burkina Faso (1,5%).

Comparaison avec les leaders. L'industrie du Mali était inférieure à celle des États-Unis (450,4 milliards de dollars), de l'URSS (248,8 milliards de dollars), du Japon (185,6 milliards de dollars), de l'Allemagne (158,4 milliards de dollars) et du Royaume-Uni (72,6 milliards de dollars). L'industrie par habitant au Mali était inférieure à celle des États-Unis (2 063,8 de dollars), de l'Allemagne (2 011,9 de dollars), du Japon (1 666,5 de dollars), du Royaume-Uni (1 295,1 de dollars) et de l'URSS (986,6 de dollars). La croissance de l'industrie au Mali était inférieure à celle de l'URSS (5,2%), du Japon (4,5%), des États-Unis (2,4%), de l'Allemagne (2,1%) et du Royaume-Uni (1,9%).

Les années 1980

Le secteur de l'industrie au Mali était de 159,7 millions de dollars par an dans les années 1980, se situant au 139ème rang mondial à égalité avec les Fidji (160,3 millions de dollars), le Népal (161,5 millions de dollars). La part dans le monde était de 0,0038% et de 0,10% en Afrique.

La part de l'industrie dans l'économie du Mali était de 9,6% dans les années 1980, au 153ème rang mondial, à égalité avec la Dominique (9,6%), la Polynésie (9,5%), les Tonga (9,6%).

L'industrie par habitant au Mali était de 20.7 dollars dans les années 1980, se situant au 177ème rang mondial. L'industrie par habitant au Mali était 41,7 fois inférieure l'industrie par habitant au Monde (861,8 US$), et 14,0 fois inférieure l'industrie par habitant en Afrique (288,5 US$).

La croissance de l'industrie au Mali était de 4.2% dans les années 1980, se situant au 59ème rang mondial, à égalité avec l'Éthiopie (4,2%), le Japon (4,2%). La croissance de l'industrie au Mali (4,2%) a été supérieure à celle du monde (2,3%), et supérieure à celle de l'Afrique (-0,99%).

Chapitre V. Industrie

Comparaison avec les voisins. Le secteur de l'industrie au Mali était inférieur à celui de l'Algérie (18,9 milliards de dollars), de la Côte d'Ivoire (1,5 milliards de dollars), du Sénégal (1,1 milliards de dollars), de la Guinée (695,3 millions de dollars), du Burkina Faso (544,6 millions de dollars), du Niger (524,9 millions de dollars) et de la Mauritanie (461,4 millions de dollars). L'industrie par habitant au Mali était inférieure à celle de l'Algérie (854,7 de dollars), de la Mauritanie (262,6 de dollars), du Sénégal (169,0 de dollars), de la Côte d'Ivoire (151,3 de dollars), de la Guinée (127,6 de dollars), du Niger (76,7 de dollars) et du Burkina Faso (71,1 de dollars). La croissance de l'industrie au Mali était supérieure à celle du Sénégal (3,9%), de la Guinée (2,7%), de l'Algérie (1,9%), du Niger (0,98%), du Burkina Faso (0,86%) et de la Côte d'Ivoire (-1,8%); mais inférieure à celle de la Mauritanie (6,1%).

Comparaison avec les leaders. La valeur ajoutée de l'industrie au Mali était inférieure à celle des États-Unis (1,0 billions de dollars), du Japon (566,4 milliards de dollars), de l'URSS (305,7 milliards de dollars), de l'Allemagne (297,5 milliards de dollars) et du Royaume-Uni (171,2 milliards de dollars). L'industrie par habitant au Mali était inférieure à celle du Japon (4 670,2 de dollars), des États-Unis (4 176,6 de dollars), de l'Allemagne (3 812,7 de dollars), du Royaume-Uni (3 032,7 de dollars) et de l'URSS (1 110,8 de dollars). La croissance de l'industrie au Mali était supérieure à celle du Japon (4,2%), des États-Unis (1,9%), du Royaume-Uni (1,4%) et de l'Allemagne (1,2%); mais inférieure à celle de l'URSS (5,3%).

Les années 1990

Le secteur de l'industrie au Mali était de 350,0 millions de dollars par an dans les années 1990, au 150ème rang mondial à égalité avec l'Albanie (350,8 millions de dollars), l'Afghanistan (349,1 millions de dollars), le Togo (346,4 millions de dollars). La part dans le monde était de 0,0052% et de 0,22% en Afrique.

La part de l'industrie dans l'économie du Mali était de 12,3% dans les années 1990, se situant au 160ème rang mondial, à égalité avec l'Afghanistan (12,4%), Saint-Vincent-et-les-Grenadines (12,4%).

L'industrie par habitant au Mali était de 36.9 dollars dans les années 1990, au 193ème rang mondial, à égalité avec l'Ouganda (37,3 de dollars). L'industrie par habitant au Mali était 31,9 fois inférieure l'industrie par habitant au Monde (1 175,6 US$), et 6,0 fois inférieure l'industrie par habitant en Afrique (222,8 US$).

La croissance de l'industrie au Mali était de 12.8% dans les années 1990, se situant au 9ème rang mondial. La croissance de l'industrie au Mali (12,8%) a été supérieure à celle du monde (2,5%), et supérieure à celle de l'Afrique (1,3%).

Comparaison avec les voisins. La valeur de l'industrie au Mali était inférieure à celle de l'Algérie (17,7 milliards de dollars), de la Côte d'Ivoire (2,4 milliards de dollars), du Sénégal (1,7 milliards de dollars), de la Guinée (1,1 milliards de dollars), de la Mauritanie (643,4 millions de dollars), du Burkina Faso (637,3 millions de dollars) et du Niger (423,4 millions de dollars). L'industrie par habitant au Mali était inférieure à celle de l'Algérie (622,9 de dollars), de la Mauritanie (281,0 de dollars), du Sénégal (198,4 de dollars), de la Côte d'Ivoire (175,1 de dollars), de la Guinée (146,2 de dollars), du Burkina Faso (63,8 de dollars) et du Niger (45,1 de dollars). La croissance de l'industrie au Mali était supérieure à celle de la Côte d'Ivoire (4,7%), de la Guinée (4,2%), de la Mauritanie (4,1%), du Burkina Faso (2,7%), du Sénégal (2,3%), de l'Algérie (1,9%) et du Niger (-1,4%).

Comparaison avec les leaders. La valeur ajoutée de l'industrie au Mali était inférieure à celle des États-Unis (1,5 billions de dollars), du Japon (1,2 billions de dollars), de l'Allemagne (534,0 milliards de dollars), de la Chine (285,9 milliards de dollars) et du Royaume-Uni (268,6 milliards de dollars). L'industrie par habitant au Mali était inférieure à celle du Japon (9 400,9 de dollars), de l'Allemagne (6 621,6 de dollars), des États-Unis (5 704,4 de dollars), du Royaume-Uni (4 639,8 de dollars) et de la Chine (231,9 de dollars). La croissance de l'industrie au Mali était supérieure à celle des États-Unis (2,8%), du Japon (1,3%), du Royaume-Uni (1,2%) et de l'Allemagne (0,33%); mais inférieure à celle de la Chine (13,1%).

Les années 2000

La valeur ajoutée de l'industrie au Mali était de 1,0 milliards de dollars par an dans les années 2000, se classant au 129ème rang mondial à égalité avec le Nicaragua (1,0 milliards de dollars), la Géorgie (986,2 millions de dollars). La part dans le monde était de 0,0099% et de 0,32% en Afrique.

La part de l'industrie dans l'économie du Mali était de 17,8% dans les années 2000, se classant au 124ème rang mondial, à égalité avec le Portugal (17,9%), le Nicaragua (17,7%).

L'industrie par habitant au Mali était de 79.9 dollars dans les années 2000, au 179ème rang mondial, à égalité avec les Salomon (79,2 de dollars), le Tadjikistan (79,0 de dollars), le Burkina Faso (78,7 de dollars). L'industrie par habitant au Mali était 19,7 fois inférieure l'industrie par habitant au Monde (1 573,8 US$), et 4,4 fois inférieure l'industrie par habitant en Afrique (352,5 US$).

La croissance de l'industrie au Mali était de 9.5% dans les années 2000, au 13ème rang mondial. La croissance de l'industrie au Mali (9,5%) a été supérieure à celle du monde (2,9%), et supérieure à celle de l'Afrique (3,1%).

Comparaison avec les voisins. Le secteur de l'industrie au Mali était supérieur à celui de la Mauritanie (966,6 millions de dollars) et du Niger (554,8 millions de dollars); mais inférieur à celui de l'Algérie (45,9 milliards de dollars), de la Côte d'Ivoire (3,6 milliards de dollars), du Sénégal (2,4 milliards de dollars), de la Guinée (1,2 milliards de dollars) et du Burkina Faso (1,0 milliards de dollars). L'industrie par habitant au Mali était supérieure à celle du Burkina Faso (78,7 de dollars) et du Niger (41,2 de dollars); mais inférieure à celle de l'Algérie (1 389,0 de dollars), de la Mauritanie (322,9 de dollars), du Sénégal (219,1 de dollars), de la Côte d'Ivoire (196,8 de dollars) et de la Guinée (129,9 de dollars). La croissance de l'industrie au Mali était supérieure à celle du Burkina Faso (6,3%), du Sénégal (2,9%), du Niger (2,6%), de la Côte d'Ivoire (1,5%), de la Guinée (1,4%), de l'Algérie (1,2%) et de la Mauritanie (-0,24%).

Comparaison avec les leaders. La valeur ajoutée de l'industrie au Mali était inférieure à celle des États-Unis (2,1 billions de dollars), du Japon (1,1 billions de dollars), de la Chine (1,1 billions de dollars), de l'Allemagne (629,4 milliards de dollars) et du Royaume-Uni (345,1 milliards de dollars). L'industrie par habitant au Mali était inférieure à celle du Japon (8 848,8 de dollars), de l'Allemagne (7 732,1 de dollars), des États-Unis (7 144,5 de dollars), du Royaume-Uni (5 710,8 de dollars) et de la Chine (795,3 de dollars). La croissance de l'industrie au Mali était supérieure à celle des États-Unis (1,5%), de l'Allemagne (0,19%), du Japon (0,15%) et du Royaume-Uni (-1,1%); mais inférieure à celle de la Chine (11,1%).

Les années 2010

La valeur ajoutée de l'industrie au Mali était de 2,2 milliards de dollars par an dans les années 2010, se situant au 130ème rang mondial à égalité avec la Guinée (2,2 milliards de dollars). La part dans le monde était de 0,013% et de 0,38% en Afrique.

La part de l'industrie dans l'économie du Mali était de 16,6% dans les années 2010, au 130ème rang mondial, à égalité avec les Fidji (16,6%), l'Uruguay (16,5%), l'Islande (16,7%).

L'industrie par habitant au Mali était de 125.9 dollars dans les années 2010, au 187ème rang mondial, à égalité avec le Bénin (126,8 de dollars). L'industrie par habitant au Mali était 18,4 fois inférieure l'industrie par habitant au Monde (2 320,9 US$), et 3,9 fois inférieure l'industrie par habitant en Afrique (489,1 US$).

La croissance de l'industrie au Mali était de 9.2% dans les années 2010, au 14ème rang mondial. La croissance de l'industrie au Mali (9,2%) a été supérieure à celle du monde (3,5%), et supérieure à celle de l'Afrique (0,035%).

Comparaison avec les voisins. La valeur ajoutée de l'industrie au Mali était 18,6% supérieure à celle du Niger (1,8 milliards de dollars) et 21,9% supérieure à celle de la Mauritanie (1,8 milliards de dollars); mais 27,0 fois inférieure à celle de l'Algérie (58,6 milliards de dollars), 3,4 fois inférieure à celle de la Côte d'Ivoire (7,5 milliards de dollars), 48,1% inférieure à celle du Sénégal (4,2 milliards de dollars), 23,9% inférieure à celle du Burkina Faso (2,9 milliards de dollars) et 0,66% inférieure à celle de la Guinée (2,2 milliards de dollars). L'industrie par habitant au Mali était 35,5% supérieure à celle du Niger (92,9 de dollars); mais 11,8 fois inférieure à celle de l'Algérie (1 487,5 de dollars), 3,5 fois inférieure à celle de la Mauritanie (445,9 de dollars), 2,6 fois inférieure à celle de la Côte d'Ivoire (324,3 de dollars), 2,3 fois inférieure à celle du Sénégal (290,1 de dollars), 34,5% inférieure à celle de la Guinée (192,3 de dollars) et 21,1% inférieure à celle du Burkina Faso (159,6 de dollars). La croissance de l'industrie au Mali était supérieure à celle de la Guinée (7,9%), de la Côte d'Ivoire (7,3%), du Burkina Faso (6,1%), du Sénégal (4,6%), de la Mauritanie (0,81%) et de l'Algérie (-1,1%); mais inférieure à celle du Niger (9,9%).

Comparaison avec les leaders. L'industrie du Mali était 1 695,5 fois inférieure à celle de la Chine (3,7 billions de dollars), 1 262,1 fois inférieure à celle des États-Unis (2,7 billions de dollars), 548,0 fois inférieure à celle du Japon (1,2 billions de dollars), 386,7 fois inférieure à celle de l'Allemagne (840,0 milliards de dollars) et 204,1 fois inférieure à celle de l'Inde (443,4 milliards de dollars). L'industrie par habitant au Mali était 81,5 fois inférieure à celle de l'Allemagne (10 261,3 de dollars), 73,9 fois inférieure à celle du Japon (9 305,3 de dollars), 68,2 fois inférieure à celle des États-Unis (8 581,2 de dollars), 20,9 fois inférieure à celle de la Chine (2 626,2 de dollars) et 2,7 fois inférieure à celle de l'Inde (340,6 de dollars). La croissance de l'industrie au Mali était supérieure à celle de la Chine (7,5%), de l'Inde (6,5%), de l'Allemagne (3,2%), du Japon (2,6%) et des États-Unis (2,2%).

Chapitre 5.1. Fabrication

(ISIC D)

La valeur ajoutée de l'industrie de transformation au Mali est passé de 44,2 millions de dollars par an dans les années 1970 à 2,0 milliards de dollars par an dans les années 2010, c'est-à-dire 2,0 milliards de dollars ou de 46,2 fois. La variation a été de 1,1 milliards de dollars en raison de l'augmentation de 2,2 fois des prix, et de 831,4 millions de dollars en raison de la croissance de productivité de 8,0 fois, et de 74,3 millions de dollars en raison de la croissance démographique. La croissance annuelle moyenne de l'industrie de transformation était de 7,3%. La valeur minimale était de 23,9 millions de dollars en 1970. La valeur maximale était de 2,9 milliards de dollars en 2019.

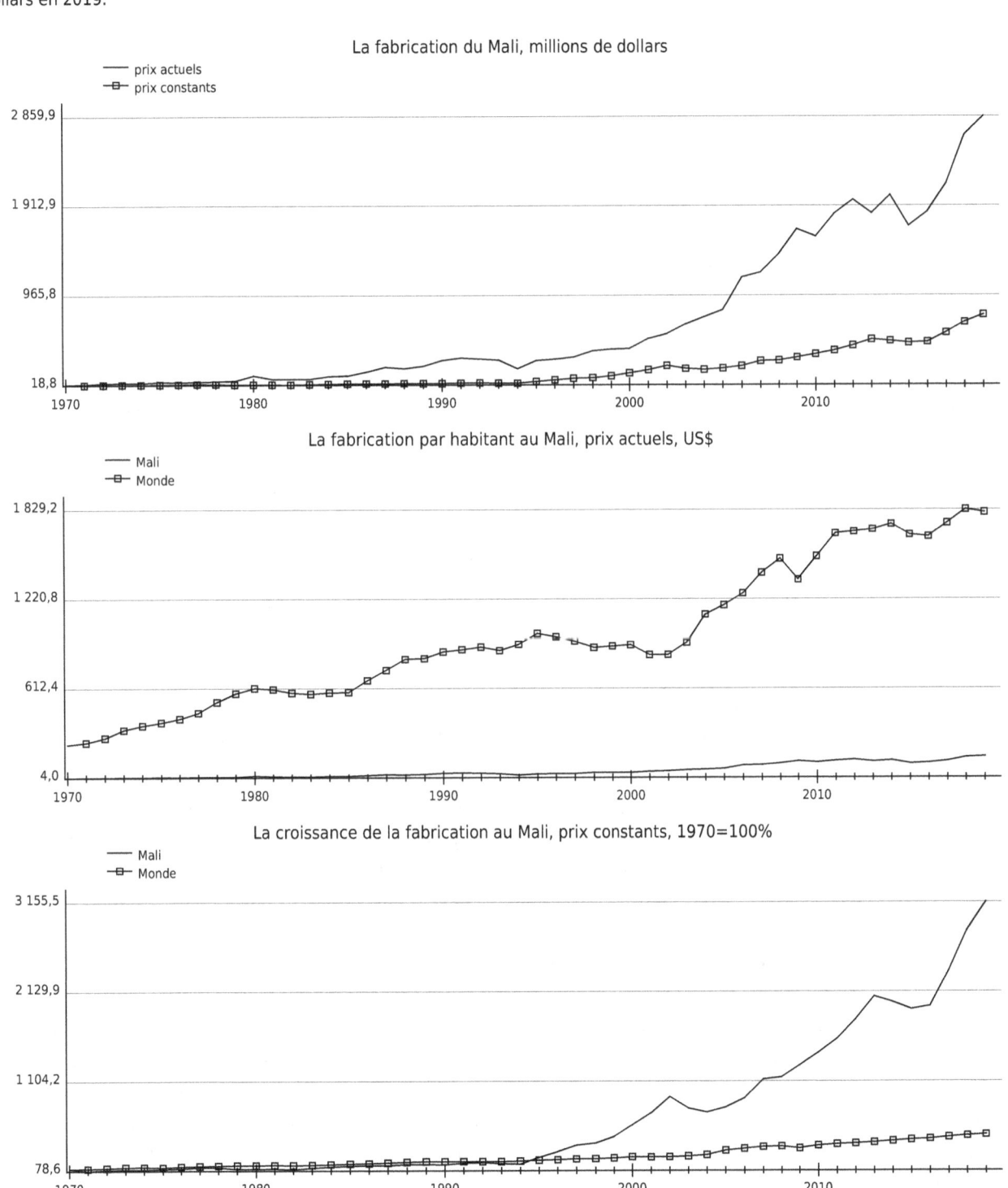

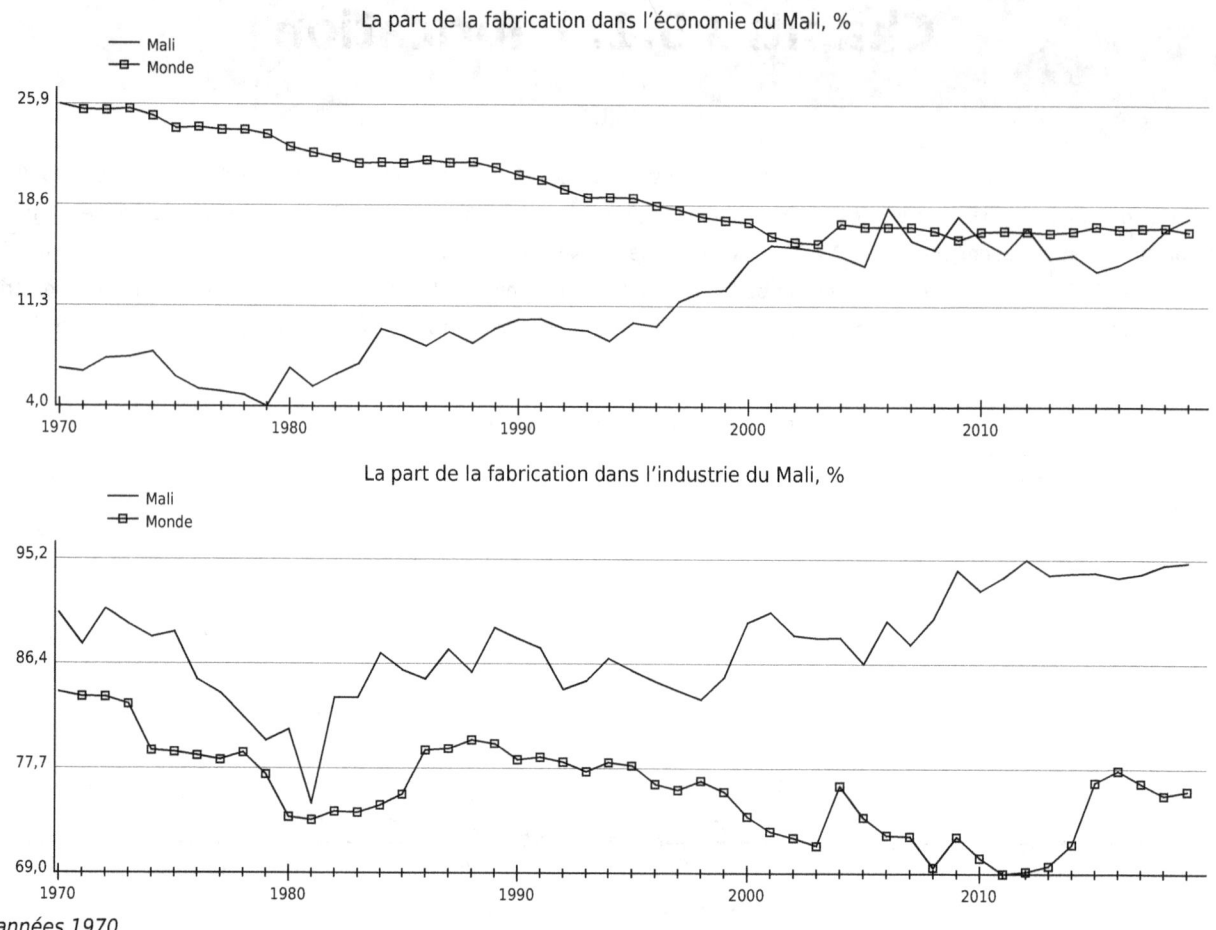

Les années 1970

La fabrication du Mali était de 44,2 millions de dollars par an dans les années 1970, se classant au 135ème rang mondial à égalité avec la Mauritanie (43,3 millions de dollars). La part dans le monde était de 0,0029% et de 0,11% en Afrique.

La part de l'industrie de transformation dans l'économie du Mali était de 5,6% dans les années 1970, au 150ème rang mondial.

La fabrication par habitant au Mali était de 6.9 dollars dans les années 1970, se classant au 178ème rang mondial. La fabrication par habitant au Mali était 55,8 fois inférieure la fabrication par habitant au Monde (383,2 US$), et 14,5 fois inférieure la fabrication par habitant en Afrique (99,3 US$).

La croissance de l'industrie de transformation au Mali était de -0.3% dans les années 1970, se situant au 171ème rang mondial. La croissance de la fabrication au Mali (-0,29%) a été inférieure à celle du monde (3,8%), et inférieure à celle de l'Afrique (4,9%).

Comparaison avec les voisins. La valeur de l'industrie de transformation au Mali était supérieure à celle de la Mauritanie (43,3 millions de dollars) et de la Guinée (39,5 millions de dollars); mais inférieure à celle de l'Algérie (1,5 milliards de dollars), de la Côte d'Ivoire (506,7 millions de dollars), du Sénégal (418,1 millions de dollars), du Burkina Faso (194,5 millions de dollars) et du Niger (80,7 millions de dollars). La fabrication par habitant au Mali était inférieure à celle de l'Algérie (88,7 de dollars), du Sénégal (86,1 de dollars), de la Côte d'Ivoire (80,2 de dollars), de la Mauritanie (32,9 de dollars), du Burkina Faso (31,8 de dollars), du Niger (15,7 de dollars) et de la Guinée (8,8 de dollars). La croissance de l'industrie de transformation au Mali était inférieure à celle du Niger (12,6%), de l'Algérie (8,7%), de la Côte d'Ivoire (6,2%), de la Mauritanie (4,3%), du Burkina Faso (4,0%), du Sénégal (3,6%) et de la Guinée (3,0%).

Comparaison avec les leaders. La fabrication du Mali était inférieure à celle des États-Unis (378,0 milliards de dollars), de l'URSS (248,8 milliards de dollars), du Japon (169,3 milliards de dollars), de l'Allemagne (138,0 milliards de dollars) et de la France (64,5 milliards de dollars). La fabrication par habitant au Mali était inférieure à celle de l'Allemagne (1 752,1 de dollars), des États-Unis (1 731,8 de dollars), du Japon (1 520,6 de dollars), de la France (1 203,0 de dollars) et de l'URSS (986,6 de dollars). La croissance de la fabrication au Mali était inférieure à celle de l'URSS (5,2%), du Japon (4,5%), de la France (3,5%), des États-Unis (2,7%) et de l'Allemagne (2,1%).

Chapitre 5.1. Fabrication

Les années 1980

Le secteur de la fabrication au Mali était de 136,0 millions de dollars par an dans les années 1980, se classant au 131ème rang mondial à égalité avec le Burundi (135,0 millions de dollars), les Fidji (138,5 millions de dollars). La part dans le monde était de 0,0043% et de 0,16% en Afrique.

La part de la fabrication dans l'économie du Mali était de 8,2% dans les années 1980, se classant au 129ème rang mondial, à égalité avec la Polynésie (8,1%).

La fabrication par habitant au Mali était de 17.6 dollars dans les années 1980, se situant au 171ème rang mondial. La fabrication par habitant au Mali était 37,6 fois inférieure la fabrication par habitant au Monde (661,2 US$), et 9,0 fois inférieure la fabrication par habitant en Afrique (157,6 US$).

La croissance de l'industrie de transformation au Mali était de 4.3% dans les années 1980, au 69ème rang mondial, à égalité avec l'Irlande (4,3%). La croissance de la fabrication au Mali (4,3%) a été supérieure à celle du monde (2,6%), et supérieure à celle de l'Afrique (2,0%).

Comparaison avec les voisins. La valeur de l'industrie de transformation au Mali était supérieure à celle de la Guinée (90,0 millions de dollars); mais inférieure à celle de l'Algérie (6,0 milliards de dollars), de la Côte d'Ivoire (1,2 milliards de dollars), du Sénégal (1,0 milliards de dollars), du Burkina Faso (388,0 millions de dollars), du Niger (190,8 millions de dollars) et de la Mauritanie (161,0 millions de dollars). La fabrication par habitant au Mali était supérieure à celle de la Guinée (16,5 de dollars); mais inférieure à celle de l'Algérie (272,9 de dollars), du Sénégal (156,8 de dollars), de la Côte d'Ivoire (124,1 de dollars), de la Mauritanie (91,6 de dollars), du Burkina Faso (50,7 de dollars) et du Niger (27,9 de dollars). La croissance de l'industrie de transformation au Mali était supérieure à celle du Sénégal (4,2%), de la Guinée (2,6%), du Burkina Faso (1,9%) et du Niger (1,2%); mais inférieure à celle de la Mauritanie (6,3%), de la Côte d'Ivoire (6,0%) et de l'Algérie (4,5%).

Comparaison avec les leaders. Le secteur de la fabrication au Mali était inférieur à celui des États-Unis (789,4 milliards de dollars), du Japon (501,0 milliards de dollars), de l'URSS (305,7 milliards de dollars), de l'Allemagne (258,7 milliards de dollars) et de l'Italie (134,1 milliards de dollars). La fabrication par habitant au Mali était inférieure à celle du Japon (4 131,0 de dollars), de l'Allemagne (3 316,0 de dollars), des États-Unis (3 296,4 de dollars), de l'Italie (2 359,9 de dollars) et de l'URSS (1 110,8 de dollars). La croissance de l'industrie de transformation au Mali était supérieure à celle de l'Italie (2,5%), des États-Unis (1,9%) et de l'Allemagne (1,2%); mais inférieure à celle de l'URSS (5,3%) et du Japon (4,4%).

Les années 1990

Le secteur de l'industrie de transformation au Mali était de 299,1 millions de dollars par an dans les années 1990, se situant au 140ème rang mondial à égalité avec Madagascar (295,6 millions de dollars). La part dans le monde était de 0,0058% et de 0,34% en Afrique.

La part de la fabrication dans l'économie du Mali était de 10,6% dans les années 1990, au 131ème rang mondial, à égalité avec la Namibie (10,5%), le Koweït (10,6%), Chypre (10,6%).

La fabrication par habitant au Mali était de 31.5 dollars dans les années 1990, se situant au 182ème rang mondial. La fabrication par habitant au Mali était 28,8 fois inférieure la fabrication par habitant au Monde (908,4 US$), et 4,0 fois inférieure la fabrication par habitant en Afrique (124,8 US$).

La croissance de l'industrie de transformation au Mali était de 12.2% dans les années 1990, se situant au 6ème rang mondial. La croissance de l'industrie de transformation au Mali (12,2%) a été supérieure à celle du monde (2,0%), et supérieure à celle de l'Afrique (0,55%).

Comparaison avec les voisins. La valeur de la fabrication au Mali était supérieure à celle de la Mauritanie (228,1 millions de dollars), du Niger (208,6 millions de dollars) et de la Guinée (152,4 millions de dollars); mais inférieure à celle de l'Algérie (4,5 milliards de dollars), de la Côte d'Ivoire (2,2 milliards de dollars), du Sénégal (1,5 milliards de dollars) et du Burkina Faso (526,4 millions de dollars). La fabrication par habitant au Mali était supérieure à celle du Niger (22,2 de dollars) et de la Guinée (21,2 de dollars); mais inférieure à celle du Sénégal (179,9 de dollars), de l'Algérie (158,1 de dollars), de la Côte d'Ivoire (157,1 de dollars), de la Mauritanie (99,6 de dollars) et du Burkina Faso (52,7 de dollars). La croissance de la fabrication au Mali était supérieure à celle du Burkina Faso (4,7%), de la Guinée (4,4%), de la Mauritanie (4,3%), de la Côte d'Ivoire (3,6%), du Sénégal (2,6%), du Niger (1,1%) et de l'Algérie (-1,3%).

Comparaison avec les leaders. La valeur de l'industrie de transformation au Mali était inférieure à celle des États-Unis (1,2 billions de dollars), du Japon (1,0 billions de dollars), de l'Allemagne (468,8 milliards de dollars), de l'Italie (227,8 milliards de dollars) et de la France (215,0 milliards de dollars). La fabrication par habitant au Mali était inférieure à celle du Japon (8 305,2 de dollars), de l'Allemagne (5 813,5 de dollars), des États-Unis (4 707,3 de dollars), de l'Italie (3 994,1 de dollars) et de la France (3 621,1 de dollars). La croissance de la fabrication au Mali était supérieure à celle des États-Unis (3,2%), de la France (2,4%), de l'Italie (1,2%), du Japon (1,1%) et de l'Allemagne (0,26%).

Les années 2000

La valeur de la fabrication au Mali était de 909,1 millions de dollars par an dans les années 2000, au 118ème rang mondial à égalité avec l'Eswatini (909,6 millions de dollars), la Jamaïque (896,1 millions de dollars). La part dans le monde était de 0,012% et de 0,69% en Afrique.

La part de la fabrication dans l'économie du Mali était de 16,0% dans les années 2000, se situant au 68ème rang mondial, à égalité avec l'Europe du Sud (16,0%), l'Équateur (16,0%), l'Estonie (16,1%).

La fabrication par habitant au Mali était de 71.9 dollars dans les années 2000, se classant au 169ème rang mondial, à égalité avec le Kirghizistan (71,8 de dollars), la Zambie (70,9 de dollars), le Soudan (73,2 de dollars). La fabrication par habitant au Mali était 15,8 fois inférieure la fabrication par habitant au Monde (1 138,1 US$), et 2,0 fois inférieure la fabrication par habitant en Afrique (144,8 US$).

La croissance de la fabrication au Mali était de 10.6% dans les années 2000, au 11ème rang mondial, à égalité avec l'Asie (10,5%). La croissance de la fabrication au Mali (10,6%) a été supérieure à celle du monde (4,2%), et supérieure à celle de l'Afrique (3,5%).

Comparaison avec les voisins. La fabrication du Mali était supérieure à celle du Burkina Faso (835,8 millions de dollars), de la Guinée (473,3 millions de dollars), du Niger (286,9 millions de dollars) et de la Mauritanie (266,2 millions de dollars); mais inférieure à celle de l'Algérie (4,6 milliards de dollars), de la Côte d'Ivoire (2,7 milliards de dollars) et du Sénégal (2,1 milliards de dollars). La fabrication par habitant au Mali était supérieure à celle du Burkina Faso (62,9 de dollars), de la Guinée (52,3 de dollars) et du Niger (21,3 de dollars); mais inférieure à celle du Sénégal (193,2 de dollars), de la Côte d'Ivoire (147,7 de dollars), de l'Algérie (139,4 de dollars) et de la Mauritanie (89,0 de dollars). La croissance de l'industrie de transformation au Mali était supérieure à celle du Burkina Faso (4,0%), de l'Algérie (3,8%), du Sénégal (2,7%), du Niger (1,9%), de la Guinée (1,6%), de la Côte d'Ivoire (0,71%) et de la Mauritanie (-0,93%).

Comparaison avec les leaders. La valeur de l'industrie de transformation au Mali était inférieure à celle des États-Unis (1,6 billions de dollars), de la Chine (1,1 billions de dollars), du Japon (992,9 milliards de dollars), de l'Allemagne (551,4 milliards de dollars) et de l'Italie (277,2 milliards de dollars). La fabrication par habitant au Mali était inférieure à celle du Japon (7 746,3 de dollars), de l'Allemagne (6 773,6 de dollars), des États-Unis (5 600,5 de dollars), de l'Italie (4 780,8 de dollars) et de la Chine (815,3 de dollars). La croissance de l'industrie de transformation au Mali était supérieure à celle des États-Unis (1,6%), du Japon (0,32%), de l'Allemagne (0,097%) et de l'Italie (-1,3%).

Les années 2010

La valeur de la fabrication au Mali était de 2,0 milliards de dollars par an dans les années 2010, se classant au 113ème rang mondial à égalité avec la Mélanésie (2,1 milliards de dollars). La part dans le monde était de 0,016% et de 0,85% en Afrique.

La part de l'industrie de transformation dans l'économie du Mali était de 15,6% dans les années 2010, se classant au 59ème rang mondial, à égalité avec l'Estonie (15,7%), le Nicaragua (15,7%), la Croatie (15,6%).

La fabrication par habitant au Mali était de 118.6 dollars dans les années 2010, au 171ème rang mondial, à égalité avec la Mauritanie (115,9 de dollars). La fabrication par habitant au Mali était 14,3 fois inférieure la fabrication par habitant au Monde (1 697,4 US$), et 42,5% inférieure la fabrication par habitant en Afrique (206,2 US$).

La croissance de la fabrication au Mali était de 9.4% dans les années 2010, au 9ème rang mondial. La croissance de la fabrication au Mali (9,4%) a été supérieure à celle du monde (3,9%), et supérieure à celle de l'Afrique (3,6%).

Comparaison avec les voisins. Le secteur de l'industrie de transformation au Mali était 43,5% supérieur à celui du Burkina Faso (1,4 milliards de dollars), 2,1 fois supérieur à celui de la Guinée (961,3 millions de dollars), 3,0 fois supérieur à celui du Niger (687,4 millions de dollars) et 4,4 fois supérieur à celui de la Mauritanie (463,3 millions de dollars); mais 3,6 fois inférieur à celui de l'Algérie (7,4 milliards de dollars), 2,4 fois inférieur à celui de la Côte d'Ivoire (5,0 milliards de dollars) et 38,5% inférieur à celui du Sénégal (3,3

Chapitre 5.1. Fabrication

milliards de dollars). La fabrication par habitant au Mali était 2,3% supérieure à celle de la Mauritanie (115,9 de dollars), 40,2% supérieure à celle de la Guinée (84,5 de dollars), 48,8% supérieure à celle du Burkina Faso (79,7 de dollars) et 3,4 fois supérieure à celle du Niger (34,8 de dollars); mais 48,6% inférieure à celle du Sénégal (230,5 de dollars), 45,4% inférieure à celle de la Côte d'Ivoire (217,2 de dollars) et 37,3% inférieure à celle de l'Algérie (189,0 de dollars). La croissance de l'industrie de transformation au Mali était supérieure à celle de la Côte d'Ivoire (9,2%), du Niger (8,7%), du Sénégal (4,2%), de l'Algérie (3,8%), de la Mauritanie (3,3%) et du Burkina Faso (3,2%); mais inférieure à celle de la Guinée (13,2%).

Comparaison avec les leaders. Le secteur de l'industrie de transformation au Mali était 1 522,8 fois inférieur à celui de la Chine (3,1 billions de dollars), 1 012,1 fois inférieur à celui des États-Unis (2,1 billions de dollars), 518,2 fois inférieur à celui du Japon (1,1 billions de dollars), 359,4 fois inférieur à celui de l'Allemagne (735,2 milliards de dollars) et 190,9 fois inférieur à celui de la Corée du Sud (390,5 milliards de dollars). La fabrication par habitant au Mali était 75,8 fois inférieure à celle de l'Allemagne (8 981,7 de dollars), 69,9 fois inférieure à celle du Japon (8 286,2 de dollars), 65,1 fois inférieure à celle de la Corée du Sud (7 723,3 de dollars), 54,7 fois inférieure à celle des États-Unis (6 481,0 de dollars) et 18,7 fois inférieure à celle de la Chine (2 221,3 de dollars). La croissance de l'industrie de transformation au Mali était supérieure à celle de la Chine (7,5%), de la Corée du Sud (3,8%), de l'Allemagne (3,5%), du Japon (3,0%) et des États-Unis (1,9%).

Chapitre VI. Construction

(ISIC F)

La construction du Mali est passé de 21,3 millions de dollars par an dans les années 1970 à 664,0 millions de dollars par an dans les années 2010, c'est-à-dire 642,7 millions de dollars ou de 31,2 fois. La variation a été de 264,6 millions de dollars en raison de l'augmentation de 1,7 fois des prix, et de 342,4 millions de dollars en raison de la croissance de productivité de 7,0 fois, et de 35,7 millions de dollars en raison de la croissance démographique. La croissance annuelle moyenne de la construction était de 6,6%. La valeur minimale était de 7,2 millions de dollars en 1970. La valeur maximale était de 794,0 millions de dollars en 2011.

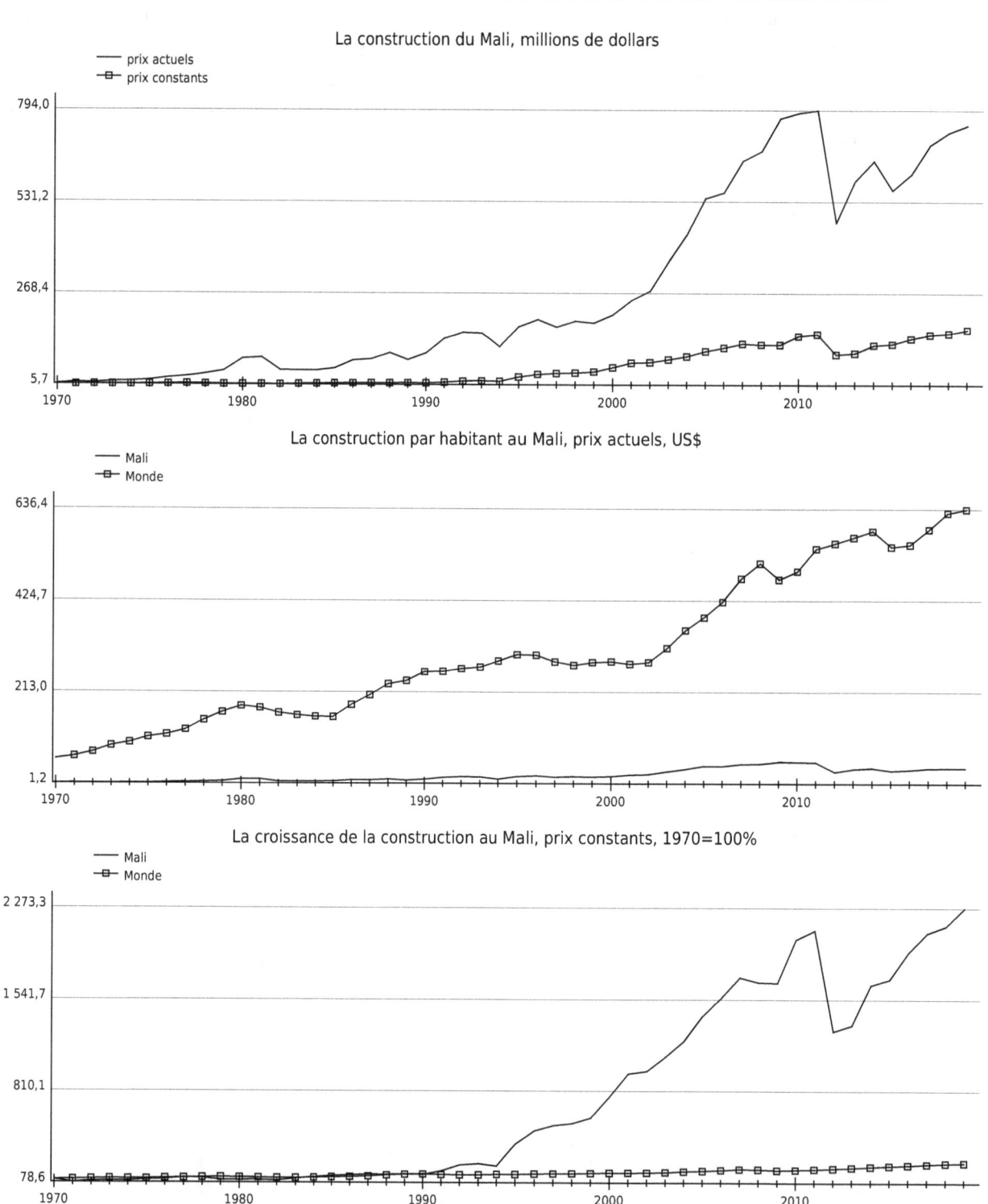

Chapitre VI. Construction

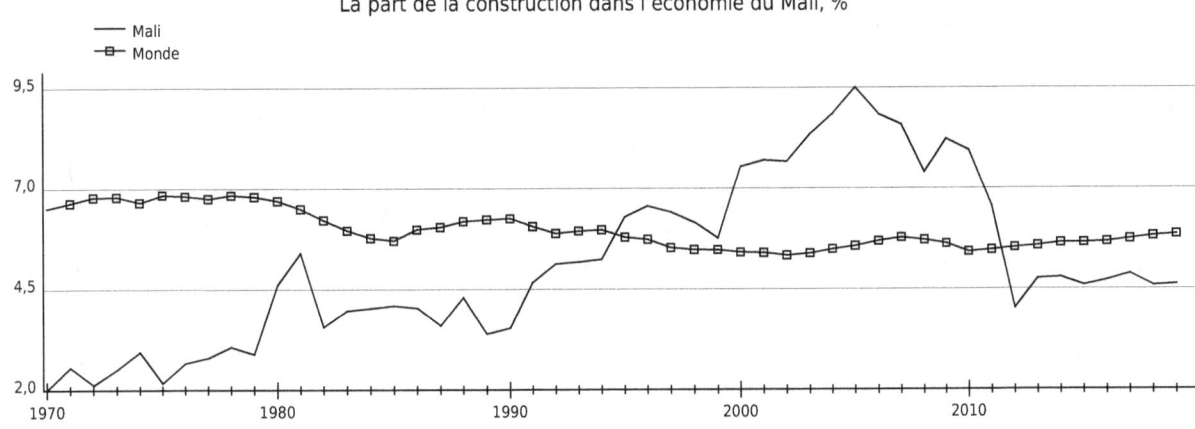

La part de la construction dans l'économie du Mali, %

Les années 1970

La construction du Mali était de 21,3 millions de dollars par an dans les années 1970, au 138ème rang mondial à égalité avec le Cambodge (21,2 millions de dollars), le Bénin (21,4 millions de dollars), Sierra Leone (21,6 millions de dollars). La part dans le monde était de 0,0050% et de 0,13% en Afrique.

La part de la construction dans l'économie du Mali était de 2,7% dans les années 1970, au 173ème rang mondial, à égalité avec l'Afghanistan (2,7%).

La construction par habitant au Mali était de 3.3 dollars dans les années 1970, se classant au 179ème rang mondial, à égalité avec le Népal (3,4 de dollars), le Laos (3,4 de dollars). La construction par habitant au Mali était 32,1 fois inférieure la construction par habitant au Monde (106,1 US$), et 12,1 fois inférieure la construction par habitant en Afrique (39,9 US$).

La croissance de la construction au Mali était de -0.3% dans les années 1970, se classant au 165ème rang mondial. La croissance de la construction au Mali (-0,29%) a été inférieure à celle du monde (2,1%), et inférieure à celle de l'Afrique (4,5%).

Comparaison avec les voisins. Le secteur de la construction au Mali était supérieur à celui du Sénégal (19,8 millions de dollars) et de la Mauritanie (17,4 millions de dollars); mais inférieur à celui de l'Algérie (1,4 milliards de dollars), de la Côte d'Ivoire (306,1 millions de dollars), de la Guinée (110,4 millions de dollars), du Burkina Faso (69,9 millions de dollars) et du Niger (53,4 millions de dollars). La construction par habitant au Mali était inférieure à celle de l'Algérie (87,0 de dollars), de la Côte d'Ivoire (48,5 de dollars), de la Guinée (24,8 de dollars), de la Mauritanie (13,2 de dollars), du Burkina Faso (11,4 de dollars), du Niger (10,4 de dollars) et du Sénégal (4,1 de dollars). La croissance de la construction au Mali était supérieure à celle du Burkina Faso (-0,84%); mais inférieure à celle du Niger (12,6%), de la Côte d'Ivoire (10,1%), de l'Algérie (7,9%), du Sénégal (3,2%), de la Guinée (3,0%) et de la Mauritanie (1,4%).

Comparaison avec les leaders. Le secteur de la construction au Mali était inférieur à celui des États-Unis (81,1 milliards de dollars), de l'URSS (52,5 milliards de dollars), du Japon (43,5 milliards de dollars), de l'Allemagne (33,8 milliards de dollars) et de la France (22,4 milliards de dollars). La construction par habitant au Mali était inférieure à celle de l'Allemagne (428,6 de dollars), de la France (417,3 de dollars), du Japon (390,8 de dollars), des États-Unis (371,5 de dollars) et de l'URSS (208,1 de dollars). La croissance de la construction au Mali était inférieure à celle de l'URSS (6,5%), du Japon (3,4%), de la France (2,0%), de l'Allemagne (0,66%) et des États-Unis (0,31%).

Les années 1980

La construction du Mali était de 68,3 millions de dollars par an dans les années 1980, se situant au 127ème rang mondial à égalité avec le Liechtenstein (68,4 millions de dollars), la Zambie (67,9 millions de dollars), Maurice (67,6 millions de dollars). La part dans le monde était de 0,0076% et de 0,24% en Afrique.

La part de la construction dans l'économie du Mali était de 4,1% dans les années 1980, au 136ème rang mondial, à égalité avec les Samoa (4,1%), le Burundi (4,1%), Micronésie (4,1%).

La construction par habitant au Mali était de 8.8 dollars dans les années 1980, se classant au 172ème rang mondial, à égalité avec le Burundi (9,0 de dollars). La construction par habitant au Mali était 21,1 fois inférieure la construction par habitant au Monde (186,2 US$), et 6,0 fois inférieure la construction par habitant en Afrique (53,3 US$).

La croissance de la construction au Mali était de 4.1% dans les années 1980, au 55ème rang mondial, à égalité avec le Brunei (4,1%). La croissance de la construction au Mali (4,1%) a été supérieure à celle du monde (1,7%), et supérieure à celle de l'Afrique (0,41%).

Comparaison avec les voisins. La valeur ajoutée de la construction au Mali était supérieure à celle du Sénégal (61,1 millions de dollars) et de la Mauritanie (39,0 millions de dollars); mais inférieure à celle de l'Algérie (6,6 milliards de dollars), de la Côte d'Ivoire (339,1 millions de dollars), de la Guinée (251,1 millions de dollars), du Niger (130,3 millions de dollars) et du Burkina Faso (80,9 millions de dollars). La construction par habitant au Mali était inférieure à celle de l'Algérie (299,2 de dollars), de la Guinée (46,1 de dollars), de la Côte d'Ivoire (34,8 de dollars), de la Mauritanie (22,2 de dollars), du Niger (19,0 de dollars), du Burkina Faso (10,6 de dollars) et du Sénégal (9,5 de dollars). La croissance de la construction au Mali était supérieure à celle de la Mauritanie (3,7%), du Sénégal (3,6%), du Burkina Faso (3,4%), de la Côte d'Ivoire (3,2%), de la Guinée (2,7%), de l'Algérie (1,6%) et du Niger (-1,2%).

Comparaison avec les leaders. La construction du Mali était inférieure à celle des États-Unis (180,6 milliards de dollars), du Japon (138,7 milliards de dollars), de l'URSS (72,1 milliards de dollars), de l'Allemagne (57,8 milliards de dollars) et de la France (42,5 milliards de dollars). La construction par habitant au Mali était inférieure à celle du Japon (1 143,9 de dollars), des États-Unis (754,4 de dollars), de la France (751,9 de dollars), de l'Allemagne (740,2 de dollars) et de l'URSS (262,0 de dollars). La croissance de la construction au Mali était supérieure à celle du Japon (2,1%), des États-Unis (1,1%), de la France (0,67%) et de l'Allemagne (-0,52%); mais inférieure à celle de l'URSS (6,2%).

Les années 1990

La valeur de la construction au Mali était de 156,6 millions de dollars par an dans les années 1990, se classant au 133ème rang mondial. La part dans le monde était de 0,0099% et de 0,64% en Afrique.

La part de la construction dans l'économie du Mali était de 5,5% dans les années 1990, au 110ème rang mondial, à égalité avec les Bermudes (5,6%), le Canada (5,6%), le Kirghizistan (5,6%).

La construction par habitant au Mali était de 16.5 dollars dans les années 1990, se situant au 177ème rang mondial, à égalité avec le Yémen (16,1 de dollars). La construction par habitant au Mali était 16,9 fois inférieure la construction par habitant au Monde (278,6 US$), et 2,1 fois inférieure la construction par habitant en Afrique (34,6 US$).

La croissance de la construction au Mali était de 15.1% dans les années 1990, se classant au 8ème rang mondial. La croissance de la construction au Mali (15,1%) a été supérieure à celle du monde (0,71%), et supérieure à celle de l'Afrique (2,8%).

Comparaison avec les voisins. La construction du Mali était supérieure à celle du Sénégal (114,0 millions de dollars), du Burkina Faso (92,5 millions de dollars), du Niger (65,9 millions de dollars) et de la Mauritanie (43,9 millions de dollars); mais inférieure à celle de l'Algérie (4,6 milliards de dollars), de la Guinée (430,8 millions de dollars) et de la Côte d'Ivoire (243,3 millions de dollars). La construction par habitant au Mali était supérieure à celle du Sénégal (13,3 de dollars), du Burkina Faso (9,3 de dollars) et du Niger (7,0 de dollars); mais inférieure à celle de l'Algérie (160,9 de dollars), de la Guinée (59,9 de dollars), de la Mauritanie (19,2 de dollars) et de la Côte d'Ivoire (17,4 de dollars). La croissance de la construction au Mali était supérieure à celle du Sénégal (8,8%), de la Côte d'Ivoire (8,0%), du Burkina Faso (6,8%), de la Guinée (4,5%), de l'Algérie (2,0%), de la Mauritanie (0,14%) et du Niger (-2,0%).

Comparaison avec les leaders. La construction du Mali était inférieure à celle du Japon (343,2 milliards de dollars), des États-Unis (299,1 milliards de dollars), de l'Allemagne (125,2 milliards de dollars), du Royaume-Uni (69,8 milliards de dollars) et de la France (68,8 milliards de dollars). La construction par habitant au Mali était inférieure à celle du Japon (2 721,7 de dollars), de l'Allemagne (1 552,3 de dollars), du Royaume-Uni (1 205,1 de dollars), de la France (1 158,8 de dollars) et des États-Unis (1 131,2 de dollars). La croissance de la construction au Mali était supérieure à celle des États-Unis (1,8%), de l'Allemagne (-0,047%), du Royaume-Uni (-0,34%), de la France (-0,65%) et du Japon (-1,0%).

Les années 2000

La construction du Mali était de 471,5 millions de dollars par an dans les années 2000, se classant au 118ème rang mondial à égalité avec les Bahamas (475,1 millions de dollars), la république démocratique du Congo (475,6 millions de dollars). La part dans le monde était de 0,019% et de 0,97% en Afrique.

La part de la construction dans l'économie du Mali était de 8,3% dans les années 2000, se situant au 38ème rang mondial, à égalité avec la Lettonie (8,3%), l'Estonie (8,4%), le Kazakhstan (8,2%).

La construction par habitant au Mali était de 37.3 dollars dans les années 2000, au 172ème rang mondial, à égalité avec le Soudan

Chapitre VI. Construction

(37,4 de dollars). La construction par habitant au Mali était 10,2 fois inférieure la construction par habitant au Monde (381,3 US$), et 30,7% inférieure la construction par habitant en Afrique (53,8 US$).

La croissance de la construction au Mali était de 10.9% dans les années 2000, au 37ème rang mondial, à égalité avec le Rwanda (10,8%), l'Afghanistan (11,0%), le Yémen (11,0%). La croissance de la construction au Mali (10,9%) a été supérieure à celle du monde (1,5%), et supérieure à celle de l'Afrique (8,4%).

Comparaison avec les voisins. La valeur de la construction au Mali était supérieure à celle de la Guinée (459,4 millions de dollars), de la Côte d'Ivoire (364,0 millions de dollars), du Sénégal (256,3 millions de dollars), du Burkina Faso (228,6 millions de dollars), du Niger (119,1 millions de dollars) et de la Mauritanie (84,6 millions de dollars); mais inférieure à celle de l'Algérie (7,7 milliards de dollars). La construction par habitant au Mali était supérieure à celle de la Mauritanie (28,2 de dollars), du Sénégal (23,3 de dollars), de la Côte d'Ivoire (20,0 de dollars), du Burkina Faso (17,2 de dollars) et du Niger (8,8 de dollars); mais inférieure à celle de l'Algérie (234,1 de dollars) et de la Guinée (50,7 de dollars). La croissance de la construction au Mali était supérieure à celle du Burkina Faso (8,5%), de l'Algérie (8,4%), du Sénégal (6,3%), du Niger (6,0%), de la Guinée (5,9%), de la Côte d'Ivoire (4,2%) et de la Mauritanie (1,8%).

Comparaison avec les leaders. La valeur de la construction au Mali était inférieure à celle des États-Unis (583,0 milliards de dollars), du Japon (270,5 milliards de dollars), de la Chine (150,1 milliards de dollars), du Royaume-Uni (132,1 milliards de dollars) et de l'Espagne (111,8 milliards de dollars). La construction par habitant au Mali était inférieure à celle de l'Espagne (2 560,2 de dollars), du Royaume-Uni (2 186,4 de dollars), du Japon (2 110,1 de dollars), des États-Unis (1 983,7 de dollars) et de la Chine (113,1 de dollars). La croissance de la construction au Mali était supérieure à celle de l'Espagne (1,7%), du Royaume-Uni (0,17%), des États-Unis (-2,6%) et du Japon (-3,9%); mais inférieure à celle de la Chine (11,9%).

Les années 2010

La valeur de la construction au Mali était de 664,0 millions de dollars par an dans les années 2010, se classant au 132ème rang mondial à égalité avec la Moldavie (664,9 millions de dollars), la Macédoine du Nord (673,5 millions de dollars). La part dans le monde était de 0,016% et de 0,52% en Afrique.

La part de la construction dans l'économie du Mali était de 5,1% dans les années 2010, au 138ème rang mondial, à égalité avec le Danemark (5,1%), Sainte-Lucie (5,1%).

La construction par habitant au Mali était de 38.5 dollars dans les années 2010, au 192ème rang mondial. La construction par habitant au Mali était 14,9 fois inférieure la construction par habitant au Monde (572,1 US$), et 2,8 fois inférieure la construction par habitant en Afrique (109,4 US$).

La croissance de la construction au Mali était de 3.1% dans les années 2010, se classant au 100ème rang mondial, à égalité avec l'Afrique centrale (3,1%). La croissance de la construction au Mali (3,1%) a été supérieure à celle du monde (2,9%), et inférieure à celle de l'Afrique (5,8%).

Comparaison avec les voisins. La construction du Mali était 26,8% supérieure à celle du Burkina Faso (523,6 millions de dollars), 33,6% supérieure à celle du Sénégal (497,2 millions de dollars), 47,4% supérieure à celle de la Guinée (450,6 millions de dollars), 96,0% supérieure à celle du Niger (338,7 millions de dollars) et 2,3 fois supérieure à celle de la Mauritanie (288,6 millions de dollars); mais 28,3 fois inférieure à celle de l'Algérie (18,8 milliards de dollars) et 2,3 fois inférieure à celle de la Côte d'Ivoire (1,5 milliards de dollars). La construction par habitant au Mali était 11,6% supérieure à celle du Sénégal (34,5 de dollars), 31,5% supérieure à celle du Burkina Faso (29,3 de dollars) et 2,2 fois supérieure à celle du Niger (17,2 de dollars); mais 12,4 fois inférieure à celle de l'Algérie (477,2 de dollars), 46,7% inférieure à celle de la Mauritanie (72,2 de dollars), 41,6% inférieure à celle de la Côte d'Ivoire (65,8 de dollars) et 2,9% inférieure à celle de la Guinée (39,6 de dollars). La croissance de la construction au Mali était supérieure à celle de la Guinée (1,7%) et de la Mauritanie (1,6%); mais inférieure à celle de la Côte d'Ivoire (9,0%), du Sénégal (8,8%), du Niger (6,6%), du Burkina Faso (6,6%) et de l'Algérie (6,1%).

Comparaison avec les leaders. La construction du Mali était 1 101,0 fois inférieure à celle de la Chine (731,1 milliards de dollars), 1 025,3 fois inférieure à celle des États-Unis (680,8 milliards de dollars), 419,7 fois inférieure à celle du Japon (278,7 milliards de dollars), 253,1 fois inférieure à celle de l'Inde (168,1 milliards de dollars) et 230,8 fois inférieure à celle de l'Allemagne (153,2 milliards de dollars). La construction par habitant au Mali était 56,6 fois inférieure à celle du Japon (2 178,3 de dollars), 55,4 fois inférieure à celle des États-Unis (2 130,9 de dollars), 48,6 fois inférieure à celle de l'Allemagne (1 871,9 de dollars), 13,5 fois inférieure à celle de la Chine (521,3 de dollars) et 3,4 fois inférieure à celle de l'Inde (129,1 de dollars). La croissance de la construction au Mali était supérieure à celle de l'Allemagne (1,8%), du Japon (1,7%) et des États-Unis (1,4%); mais inférieure à celle de la Chine (8,2%) et de l'Inde (5,2%).

Chapitre VII. Transport

Transport et stockage (ISIC I)

Le transport du Mali est passé de 17,2 millions de dollars par an dans les années 1970 à 706,3 millions de dollars par an dans les années 2010, c'est-à-dire 689,1 millions de dollars ou de 41,1 fois. La variation a été de 416,9 millions de dollars en raison de l'augmentation de 2,4 fois des prix, et de 243,4 millions de dollars en raison de la croissance de productivité de 6,3 fois, et de 28,9 millions de dollars en raison de la croissance démographique. La croissance annuelle moyenne du transport était de 6,9%. La valeur minimale était de 6,0 millions de dollars en 1970. La valeur maximale était de 826,8 millions de dollars en 2018.

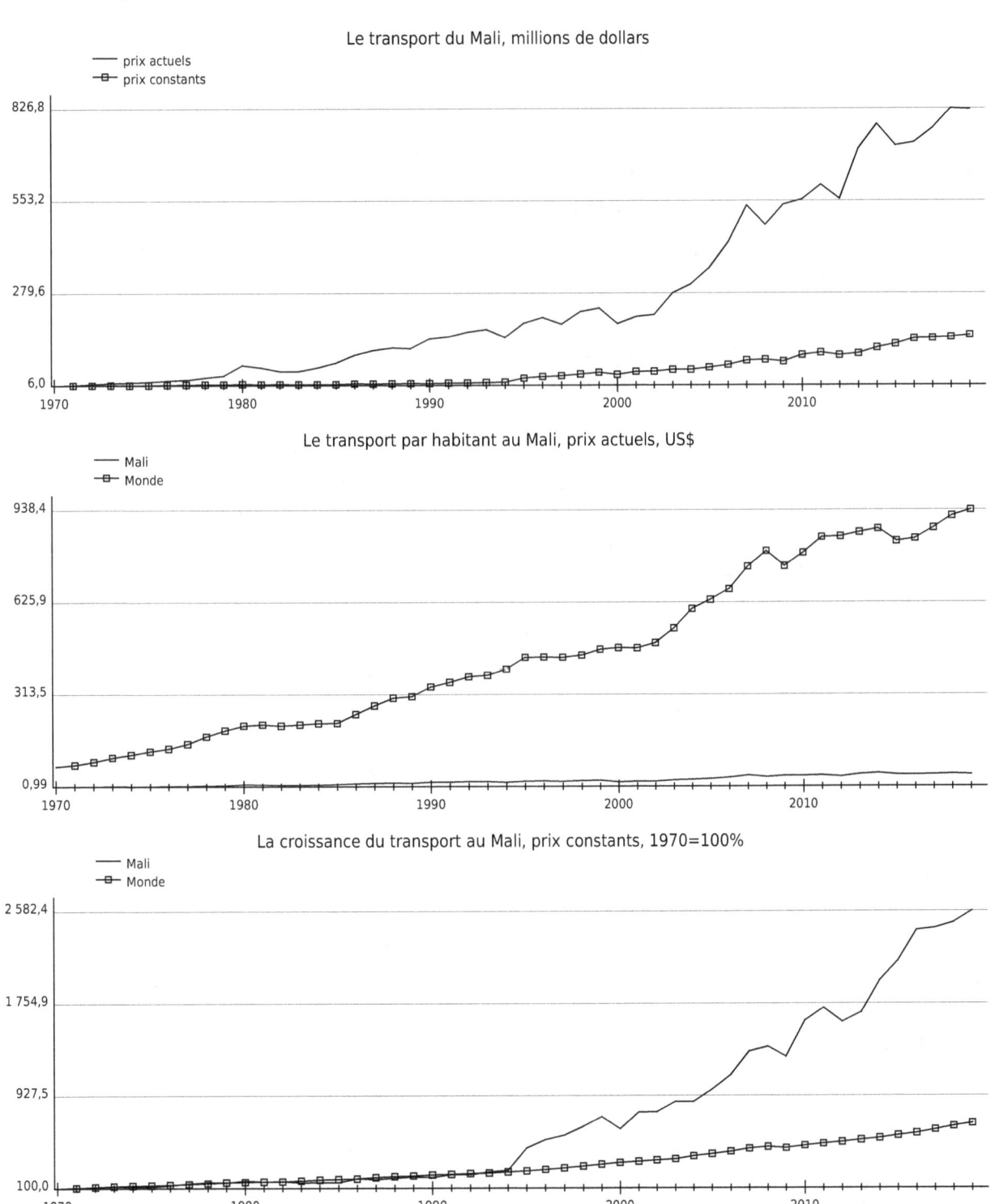

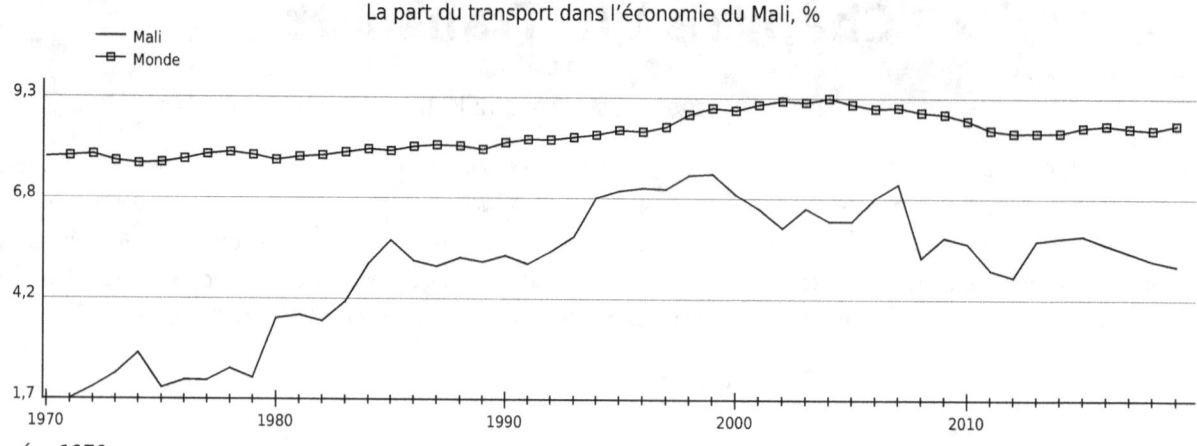

Les années 1970

La valeur ajoutée du transport au Mali était de 17,2 millions de dollars par an dans les années 1970, au 141ème rang mondial. La part dans le monde était de 0,0035% et de 0,075% en Afrique.

La part du transport dans l'économie du Mali était de 2,2% dans les années 1970, au 174ème rang mondial.

Le transport par habitant au Mali était de 2.7 dollars dans les années 1970, au 180ème rang mondial. Le transport par habitant au Mali était 45,8 fois inférieur le transport par habitant au Monde (122,3 US$), et 20,9 fois inférieur le transport par habitant en Afrique (55,9 US$).

La croissance du transport au Mali était de 4.5% dans les années 1970, au 106ème rang mondial, à égalité avec l'Éthiopie (4,5%), les Comores (4,5%). La croissance du transport au Mali (4,5%) a été inférieure à celle du monde (4,6%), et inférieure à celle de l'Afrique (6,8%).

Comparaison avec les voisins. La valeur ajoutée du transport au Mali était inférieure à celle de l'Algérie (706,3 millions de dollars), de la Côte d'Ivoire (327,8 millions de dollars), du Sénégal (120,4 millions de dollars), de la Guinée (59,6 millions de dollars), du Niger (35,0 millions de dollars), de la Mauritanie (29,6 millions de dollars) et du Burkina Faso (27,6 millions de dollars). Le transport par habitant au Mali était inférieur à celui de la Côte d'Ivoire (51,9 de dollars), de l'Algérie (42,9 de dollars), du Sénégal (24,8 de dollars), de la Mauritanie (22,5 de dollars), de la Guinée (13,4 de dollars), du Niger (6,8 de dollars) et du Burkina Faso (4,5 de dollars). La croissance du transport au Mali était supérieure à celle du Niger (3,5%), de la Guinée (3,0%) et du Sénégal (1,5%); mais inférieure à celle de l'Algérie (11,5%), de la Côte d'Ivoire (8,1%), du Burkina Faso (7,0%) et de la Mauritanie (5,9%).

Comparaison avec les leaders. Le secteur du transport au Mali était inférieur à celui des États-Unis (168,6 milliards de dollars), du Japon (46,4 milliards de dollars), de l'Allemagne (29,6 milliards de dollars), de l'URSS (28,8 milliards de dollars) et de la France (24,0 milliards de dollars). Le transport par habitant au Mali était inférieur à celui des États-Unis (772,4 de dollars), de la France (447,4 de dollars), du Japon (416,6 de dollars), de l'Allemagne (376,1 de dollars) et de l'URSS (114,0 de dollars). La croissance du transport au Mali était supérieure à celle des États-Unis (4,2%), de la France (4,1%), de l'Allemagne (3,0%) et du Japon (1,7%); mais inférieure à celle de l'URSS (8,1%).

Les années 1980

La valeur ajoutée du transport au Mali était de 79,0 millions de dollars par an dans les années 1980, se situant au 125ème rang mondial à égalité avec le Groenland (78,2 millions de dollars). La part dans le monde était de 0,0068% et de 0,16% en Afrique.

La part du transport dans l'économie du Mali était de 4,7% dans les années 1980, au 148ème rang mondial, à égalité avec le Bhoutan (4,8%), l'Eswatini (4,8%).

Le transport par habitant au Mali était de 10.2 dollars dans les années 1980, au 169ème rang mondial, à égalité avec le Lesotho (10,3 de dollars), l'Ouganda (10,2 de dollars). Le transport par habitant au Mali était 23,7 fois inférieur le transport par habitant au Monde (242,0 US$), et 8,8 fois inférieur le transport par habitant en Afrique (90,3 US$).

La croissance du transport au Mali était de 3% dans les années 1980, au 113ème rang mondial, à égalité avec les Maldives (3,0%), la Hongrie (3,0%), la Nouvelle-Zélande (3,0%). La croissance du transport au Mali (3,0%) a été inférieure à celle du monde (3,4%), et supérieure à celle de l'Afrique (-0,23%).

Chapitre VII. Transport

Comparaison avec les voisins. Le transport du Mali était supérieur à celui du Burkina Faso (68,0 millions de dollars) et de la Mauritanie (56,3 millions de dollars); mais inférieur à celui de l'Algérie (2,5 milliards de dollars), de la Côte d'Ivoire (651,1 millions de dollars), du Sénégal (242,7 millions de dollars), de la Guinée (136,9 millions de dollars) et du Niger (83,9 millions de dollars). Le transport par habitant au Mali était supérieur à celui du Burkina Faso (8,9 de dollars); mais inférieur à celui de l'Algérie (113,5 de dollars), de la Côte d'Ivoire (66,8 de dollars), du Sénégal (37,9 de dollars), de la Mauritanie (32,1 de dollars), de la Guinée (25,1 de dollars) et du Niger (12,3 de dollars). La croissance du transport au Mali était supérieure à celle de la Guinée (2,9%), du Burkina Faso (1,4%), de la Mauritanie (-0,023%), du Niger (-2,4%) et de la Côte d'Ivoire (-4,9%); mais inférieure à celle du Sénégal (3,7%) et de l'Algérie (3,4%).

Comparaison avec les leaders. La valeur ajoutée du transport au Mali était inférieure à celle des États-Unis (394,9 milliards de dollars), du Japon (147,7 milliards de dollars), de l'Allemagne (56,6 milliards de dollars), de la France (56,2 milliards de dollars) et du Royaume-Uni (53,0 milliards de dollars). Le transport par habitant au Mali était inférieur à celui des États-Unis (1 649,2 de dollars), du Japon (1 217,8 de dollars), de la France (993,7 de dollars), du Royaume-Uni (938,7 de dollars) et de l'Allemagne (725,5 de dollars). La croissance du transport au Mali était supérieure à celle du Royaume-Uni (3,0%) et de l'Allemagne (1,8%); mais inférieure à celle de la France (5,4%), du Japon (4,7%) et des États-Unis (3,6%).

Les années 1990

La valeur ajoutée du transport au Mali était de 182,1 millions de dollars par an dans les années 1990, se classant au 135ème rang mondial à égalité avec les Bermudes (183,2 millions de dollars), les Fidji (179,8 millions de dollars), l'Afghanistan (178,9 millions de dollars). La part dans le monde était de 0,0078% et de 0,41% en Afrique.

La part du transport dans l'économie du Mali était de 6,4% dans les années 1990, au 149ème rang mondial, à égalité avec les Émirats arabes unis (6,4%), la Namibie (6,4%), les Caraïbes (6,5%).

Le transport par habitant au Mali était de 19.2 dollars dans les années 1990, se situant au 187ème rang mondial, à égalité avec la Guinée-Bissau (19,3 de dollars), le Lesotho (19,1 de dollars). Le transport par habitant au Mali était 21,3 fois inférieur le transport par habitant au Monde (409,5 US$), et 3,3 fois inférieur le transport par habitant en Afrique (63,1 US$).

La croissance du transport au Mali était de 13.9% dans les années 1990, au 6ème rang mondial. La croissance du transport au Mali (13,9%) a été supérieure à celle du monde (4,0%), et supérieure à celle de l'Afrique (3,3%).

Comparaison avec les voisins. La valeur du transport au Mali était supérieure à celle du Niger (111,7 millions de dollars), du Burkina Faso (85,2 millions de dollars) et de la Mauritanie (74,0 millions de dollars); mais inférieure à celle de l'Algérie (2,6 milliards de dollars), de la Côte d'Ivoire (718,8 millions de dollars), du Sénégal (391,8 millions de dollars) et de la Guinée (242,4 millions de dollars). Le transport par habitant au Mali était supérieur à celui du Niger (11,9 de dollars) et du Burkina Faso (8,5 de dollars); mais inférieur à celui de l'Algérie (93,1 de dollars), de la Côte d'Ivoire (51,4 de dollars), du Sénégal (45,8 de dollars), de la Guinée (33,7 de dollars) et de la Mauritanie (32,3 de dollars). La croissance du transport au Mali était supérieure à celle du Burkina Faso (11,5%), de la Mauritanie (7,6%), du Sénégal (4,7%), du Niger (4,3%), de la Guinée (4,2%), de la Côte d'Ivoire (2,4%) et de l'Algérie (1,1%).

Comparaison avec les leaders. La valeur du transport au Mali était inférieure à celle des États-Unis (702,6 milliards de dollars), du Japon (373,9 milliards de dollars), de l'Allemagne (144,3 milliards de dollars), de la France (118,7 milliards de dollars) et du Royaume-Uni (117,6 milliards de dollars). Le transport par habitant au Mali était inférieur à celui du Japon (2 965,8 de dollars), des États-Unis (2 656,9 de dollars), du Royaume-Uni (2 031,3 de dollars), de la France (1 999,2 de dollars) et de l'Allemagne (1 789,0 de dollars). La croissance du transport au Mali était supérieure à celle des États-Unis (5,0%), de la France (4,8%), du Royaume-Uni (4,7%), de l'Allemagne (3,9%) et du Japon (3,0%).

Les années 2000

La valeur du transport au Mali était de 354,3 millions de dollars par an dans les années 2000, au 136ème rang mondial à égalité avec la Moldavie (348,9 millions de dollars), la Palestine (360,3 millions de dollars), la Namibie (347,8 millions de dollars). La part dans le monde était de 0,0088% et de 0,39% en Afrique.

La part du transport dans l'économie du Mali était de 6,2% dans les années 2000, se classant au 171ème rang mondial, à égalité avec l'Afrique centrale (6,2%).

Le transport par habitant au Mali était de 28 dollars dans les années 2000, se situant au 195ème rang mondial, à égalité avec l'Afghanistan (27,5 de dollars), le Népal (28,6 de dollars). Le transport par habitant au Mali était 22,2 fois inférieur le transport par habitant au Monde (621,1 US$), et 3,5 fois inférieur le transport par habitant en Afrique (99,3 US$).

La croissance du transport au Mali était de 5.6% dans les années 2000, se situant au 94ème rang mondial, à égalité avec l'Afrique australe (5,6%), Cuba (5,6%), Trinité-et-Tobago (5,7%). La croissance du transport au Mali (5,6%) a été supérieure à celle du monde (3,9%), et inférieure à celle de l'Afrique (7,8%).

Comparaison avec les voisins. La valeur ajoutée du transport au Mali était supérieure à celle de la Guinée (337,4 millions de dollars), du Burkina Faso (217,0 millions de dollars), du Niger (206,8 millions de dollars) et de la Mauritanie (143,4 millions de dollars); mais inférieure à celle de l'Algérie (7,9 milliards de dollars), de la Côte d'Ivoire (1,2 milliards de dollars) et du Sénégal (938,5 millions de dollars). Le transport par habitant au Mali était supérieur à celui du Burkina Faso (16,3 de dollars) et du Niger (15,4 de dollars); mais inférieur à celui de l'Algérie (240,3 de dollars), du Sénégal (85,4 de dollars), de la Côte d'Ivoire (66,9 de dollars), de la Mauritanie (47,9 de dollars) et de la Guinée (37,3 de dollars). La croissance du transport au Mali était supérieure à celle du Niger (3,4%), de la Côte d'Ivoire (1,9%) et de la Guinée (1,6%); mais inférieure à celle de la Mauritanie (13,5%), du Sénégal (11,1%), du Burkina Faso (10,0%) et de l'Algérie (7,1%).

Comparaison avec les leaders. La valeur ajoutée du transport au Mali était inférieure à celle des États-Unis (1,2 billions de dollars), du Japon (468,5 milliards de dollars), de l'Allemagne (228,2 milliards de dollars), du Royaume-Uni (215,9 milliards de dollars) et de la France (185,6 milliards de dollars). Le transport par habitant au Mali était inférieur à celui des États-Unis (4 029,0 de dollars), du Japon (3 655,1 de dollars), du Royaume-Uni (3 572,9 de dollars), de la France (2 955,1 de dollars) et de l'Allemagne (2 803,7 de dollars). La croissance du transport au Mali était supérieure à celle de l'Allemagne (3,4%), du Royaume-Uni (3,1%), des États-Unis (3,1%), de la France (2,7%) et du Japon (1,5%).

Les années 2010

Le transport du Mali était de 706,3 millions de dollars par an dans les années 2010, au 139ème rang mondial à égalité avec l'Arménie (716,3 millions de dollars). La part dans le monde était de 0,011% et de 0,35% en Afrique.

La part du transport dans l'économie du Mali était de 5,4% dans les années 2010, au 182ème rang mondial.

Le transport par habitant au Mali était de 40.9 dollars dans les années 2010, se classant au 197ème rang mondial, à égalité avec l'Ouganda (40,5 de dollars). Le transport par habitant au Mali était 21,1 fois inférieur le transport par habitant au Monde (864,8 US$), et 4,2 fois inférieur le transport par habitant en Afrique (173,7 US$).

La croissance du transport au Mali était de 7.3% dans les années 2010, se classant au 34ème rang mondial, à égalité avec la Gambie (7,3%), la Zambie (7,4%). La croissance du transport au Mali (7,3%) a été supérieure à celle du monde (4,0%), et supérieure à celle de l'Afrique (3,8%).

Comparaison avec les voisins. La valeur ajoutée du transport au Mali était 34,7% supérieure à celle du Burkina Faso (524,3 millions de dollars), 45,1% supérieure à celle du Niger (486,8 millions de dollars), 75,4% supérieure à celle de la Guinée (402,6 millions de dollars) et 81,7% supérieure à celle de la Mauritanie (388,8 millions de dollars); mais 23,8 fois inférieure à celle de l'Algérie (16,8 milliards de dollars), 6,9 fois inférieure à celle de la Côte d'Ivoire (4,9 milliards de dollars) et 2,4 fois inférieure à celle du Sénégal (1,7 milliards de dollars). Le transport par habitant au Mali était 15,6% supérieur à celui de la Guinée (35,4 de dollars), 39,7% supérieur à celui du Burkina Faso (29,3 de dollars) et 65,9% supérieur à celui du Niger (24,7 de dollars); mais 10,4 fois inférieur à celui de l'Algérie (427,5 de dollars), 5,2 fois inférieur à celui de la Côte d'Ivoire (213,0 de dollars), 2,9 fois inférieur à celui du Sénégal (119,4 de dollars) et 2,4 fois inférieur à celui de la Mauritanie (97,3 de dollars). La croissance du transport au Mali était supérieure à celle du Niger (6,4%), de la Guinée (6,0%), de l'Algérie (5,8%), du Sénégal (4,3%) et de la Côte d'Ivoire (-12,8%); mais inférieure à celle de la Mauritanie (13,9%) et du Burkina Faso (7,6%).

Comparaison avec les leaders. Le secteur du transport au Mali était 2 532,1 fois inférieur à celui des États-Unis (1,8 billions de dollars), 750,2 fois inférieur à celui du Japon (529,8 milliards de dollars), 657,3 fois inférieur à celui de la Chine (464,2 milliards de dollars), 424,8 fois inférieur à celui de l'Allemagne (300,0 milliards de dollars) et 364,9 fois inférieur à celui du Royaume-Uni (257,7 milliards de dollars). Le transport par habitant au Mali était 136,8 fois inférieur à celui des États-Unis (5 597,8 de dollars), 101,2 fois inférieur à celui du Japon (4 141,7 de dollars), 96,0 fois inférieur à celui du Royaume-Uni (3 929,2 de dollars), 89,6 fois inférieur à celui de l'Allemagne (3 665,2 de dollars) et 8,1 fois inférieur à celui de la Chine (331,0 de dollars). La croissance du transport au Mali était supérieure à celle des États-Unis (5,1%), du Royaume-Uni (2,8%), de l'Allemagne (2,7%) et du Japon (0,81%); mais inférieure à celle de la Chine (7,5%).

Chapitre VIII. Commerce

Commerce de gros et de détail; restaurants et hôtels (ISIC G-H)

La valeur du commerce au Mali est passé de 48,4 millions de dollars par an dans les années 1970 à 1,6 milliards de dollars par an dans les années 2010, c'est-à-dire 1,6 milliards de dollars ou de 33,2 fois. La variation a été de 725,6 millions de dollars en raison de l'augmentation de 1,8 fois des prix, et de 750,2 millions de dollars en raison de la croissance de productivité de 6,8 fois, et de 81,2 millions de dollars en raison de la croissance démographique. La croissance annuelle moyenne du commerce était de 7,0%. La valeur minimale était de 16,8 millions de dollars en 1970. La valeur maximale était de 1,8 milliards de dollars en 2018.

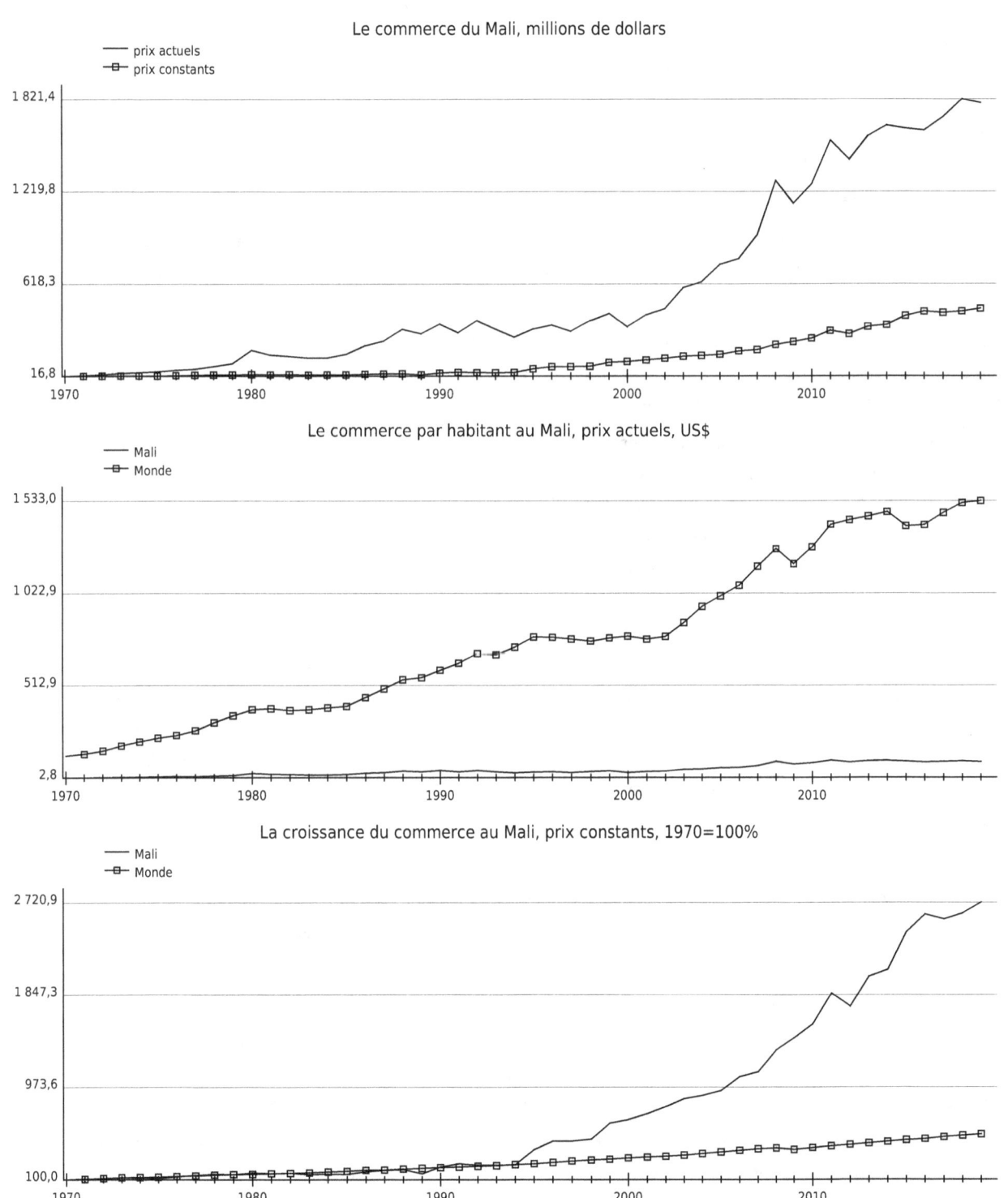

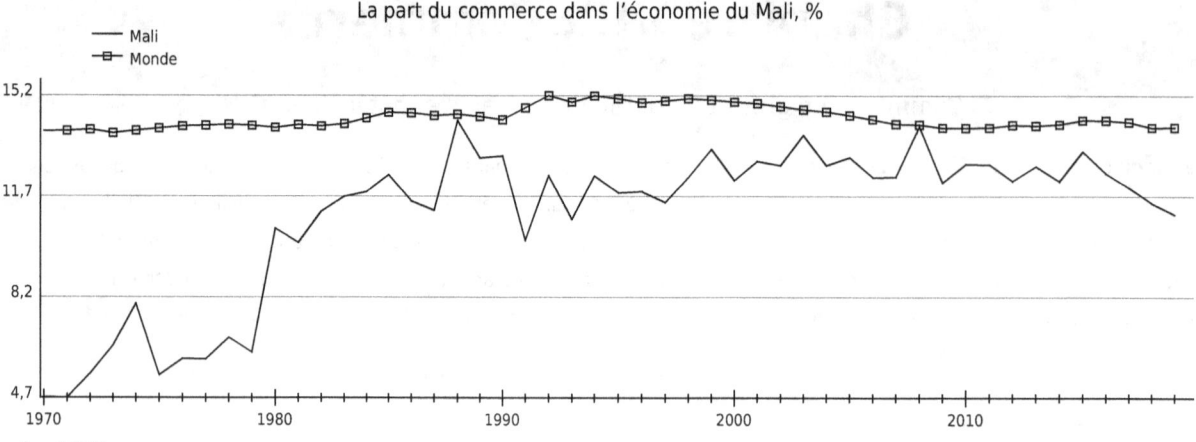

Les années 1970

Le commerce du Mali était de 48,4 millions de dollars par an dans les années 1970, au 143ème rang mondial à égalité avec la Somalie (48,5 millions de dollars). La part dans le monde était de 0,0054% et de 0,16% en Afrique.

La part du commerce dans l'économie du Mali était de 6,1% dans les années 1970, se situant au 173ème rang mondial.

Le commerce par habitant au Mali était de 7.5 dollars dans les années 1970, se classant au 183ème rang mondial. Le commerce par habitant au Mali était 29,4 fois inférieur le commerce par habitant au Monde (221,0 US$), et 9,8 fois inférieur le commerce par habitant en Afrique (73,8 US$).

La croissance du commerce au Mali était de 4.5% dans les années 1970, se classant au 100ème rang mondial, à égalité avec les Comores (4,5%), l'Europe du Sud (4,5%), le Monde (4,5%). La croissance du commerce au Mali (4,5%) a été inférieure à celle du monde (4,5%), et inférieure à celle de l'Afrique (4,6%).

Comparaison avec les voisins. Le secteur du commerce au Mali était supérieur à celui de la Mauritanie (45,7 millions de dollars); mais inférieur à celui de l'Algérie (1,9 milliards de dollars), de la Côte d'Ivoire (951,6 millions de dollars), de la Guinée (445,4 millions de dollars), du Sénégal (336,2 millions de dollars), du Burkina Faso (186,9 millions de dollars) et du Niger (165,6 millions de dollars). Le commerce par habitant au Mali était inférieur à celui de la Côte d'Ivoire (150,7 de dollars), de l'Algérie (117,5 de dollars), de la Guinée (99,8 de dollars), du Sénégal (69,2 de dollars), de la Mauritanie (34,7 de dollars), du Niger (32,2 de dollars) et du Burkina Faso (30,5 de dollars). La croissance du commerce au Mali était supérieure à celle du Niger (3,5%), de la Guinée (3,0%) et du Sénégal (1,4%); mais inférieure à celle de la Mauritanie (7,7%), de la Côte d'Ivoire (7,2%), du Burkina Faso (7,0%) et de l'Algérie (6,8%).

Comparaison avec les leaders. La valeur ajoutée du commerce au Mali était inférieure à celle des États-Unis (278,3 milliards de dollars), du Japon (90,3 milliards de dollars), de l'URSS (62,3 milliards de dollars), de l'Allemagne (61,1 milliards de dollars) et de la France (40,9 milliards de dollars). Le commerce par habitant au Mali était inférieur à celui des États-Unis (1 275,1 de dollars), du Japon (811,1 de dollars), de l'Allemagne (775,5 de dollars), de la France (762,4 de dollars) et de l'URSS (247,1 de dollars). La croissance du commerce au Mali était supérieure à celle de la France (3,9%), des États-Unis (3,9%) et de l'Allemagne (3,0%); mais inférieure à celle du Japon (8,2%) et de l'URSS (5,2%).

Les années 1980

Le commerce du Mali était de 199,0 millions de dollars par an dans les années 1980, se classant au 128ème rang mondial à égalité avec le Suriname (199,3 millions de dollars). La part dans le monde était de 0,0094% et de 0,30% en Afrique.

La part du commerce dans l'économie du Mali était de 11,9% dans les années 1980, se classant au 134ème rang mondial, à égalité avec l'Australasie (12,0%), l'Est (11,9%), l'Asie de l'Ouest (11,9%).

Le commerce par habitant au Mali était de 25.8 dollars dans les années 1980, se classant au 172ème rang mondial, à égalité avec le Cambodge (25,2 de dollars), le Bhoutan (25,2 de dollars). Le commerce par habitant au Mali était 17,0 fois inférieur le commerce par habitant au Monde (437,7 US$), et 4,7 fois inférieur le commerce par habitant en Afrique (121,8 US$).

La croissance du commerce au Mali était de 0.4% dans les années 1980, se classant au 154ème rang mondial. La croissance du commerce au Mali (0,43%) a été inférieure à celle du monde (3,3%), et inférieure à celle de l'Afrique (2,7%).

Chapitre VIII. Commerce

Comparaison avec les voisins. La valeur ajoutée du commerce au Mali était supérieure à celle de la Mauritanie (111,4 millions de dollars); mais inférieure à celle de l'Algérie (7,1 milliards de dollars), de la Côte d'Ivoire (1,5 milliards de dollars), de la Guinée (1,0 milliards de dollars), du Sénégal (671,5 millions de dollars), du Niger (535,9 millions de dollars) et du Burkina Faso (363,6 millions de dollars). Le commerce par habitant au Mali était inférieur à celui de l'Algérie (323,0 de dollars), de la Guinée (186,9 de dollars), de la Côte d'Ivoire (156,5 de dollars), du Sénégal (104,9 de dollars), du Niger (78,3 de dollars), de la Mauritanie (63,4 de dollars) et du Burkina Faso (47,5 de dollars). La croissance du commerce au Mali était supérieure à celle du Niger (-2,6%) et de la Côte d'Ivoire (-3,5%); mais inférieure à celle de la Mauritanie (4,5%), de l'Algérie (3,3%), de la Guinée (3,0%), du Sénégal (2,4%) et du Burkina Faso (1,2%).

Comparaison avec les leaders. La valeur du commerce au Mali était inférieure à celle des États-Unis (653,3 milliards de dollars), du Japon (277,3 milliards de dollars), de l'Allemagne (116,7 milliards de dollars), de l'URSS (112,3 milliards de dollars) et de l'Italie (95,7 milliards de dollars). Le commerce par habitant au Mali était inférieur à celui des États-Unis (2 728,2 de dollars), du Japon (2 286,5 de dollars), de l'Italie (1 684,2 de dollars), de l'Allemagne (1 496,0 de dollars) et de l'URSS (408,1 de dollars). La croissance du commerce au Mali était supérieure à celle de l'URSS (-0,62%); mais inférieure à celle du Japon (4,9%), des États-Unis (4,4%), de l'Italie (2,3%) et de l'Allemagne (1,8%).

Les années 1990

La valeur du commerce au Mali était de 340,6 millions de dollars par an dans les années 1990, se situant au 141ème rang mondial à égalité avec le Bénin (336,6 millions de dollars), l'Afghanistan (332,5 millions de dollars). La part dans le monde était de 0,0083% et de 0,40% en Afrique.

La part du commerce dans l'économie du Mali était de 12,0% dans les années 1990, se classant au 147ème rang mondial, à égalité avec le Togo (12,0%), les Tonga (12,0%), la Norvège (11,9%).

Le commerce par habitant au Mali était de 35.9 dollars dans les années 1990, se classant au 190ème rang mondial, à égalité avec le Kenya (35,5 de dollars), l'Arménie (35,4 de dollars), la république démocratique du Congo (36,6 de dollars). Le commerce par habitant au Mali était 20,1 fois inférieur le commerce par habitant au Monde (721,8 US$), et 3,4 fois inférieur le commerce par habitant en Afrique (120,3 US$).

La croissance du commerce au Mali était de 15.1% dans les années 1990, au 4ème rang mondial. La croissance du commerce au Mali (15,1%) a été supérieure à celle du monde (3,5%), et supérieure à celle de l'Afrique (2,8%).

Comparaison avec les voisins. La valeur ajoutée du commerce au Mali était supérieure à celle de la Mauritanie (188,3 millions de dollars); mais inférieure à celle de l'Algérie (6,9 milliards de dollars), de la Côte d'Ivoire (2,0 milliards de dollars), de la Guinée (1,6 milliards de dollars), du Sénégal (1,0 milliards de dollars), du Niger (588,5 millions de dollars) et du Burkina Faso (443,0 millions de dollars). Le commerce par habitant au Mali était inférieur à celui de l'Algérie (242,8 de dollars), de la Guinée (218,6 de dollars), de la Côte d'Ivoire (141,4 de dollars), du Sénégal (120,4 de dollars), de la Mauritanie (82,2 de dollars), du Niger (62,7 de dollars) et du Burkina Faso (44,3 de dollars). La croissance du commerce au Mali était supérieure à celle de la Mauritanie (6,7%), de la Guinée (3,7%), de la Côte d'Ivoire (2,7%), du Sénégal (2,5%), de l'Algérie (1,4%), du Niger (1,2%) et du Burkina Faso (-1,4%).

Comparaison avec les leaders. Le secteur du commerce au Mali était inférieur à celui des États-Unis (1,2 billions de dollars), du Japon (713,2 milliards de dollars), de l'Allemagne (243,7 milliards de dollars), de l'Italie (185,6 milliards de dollars) et de la France (177,0 milliards de dollars). Le commerce par habitant au Mali était inférieur à celui du Japon (5 656,5 de dollars), des États-Unis (4 395,6 de dollars), de l'Italie (3 255,0 de dollars), de l'Allemagne (3 021,8 de dollars) et de la France (2 980,3 de dollars). La croissance du commerce au Mali était supérieure à celle des États-Unis (4,3%), du Japon (3,8%), de l'Allemagne (2,5%), de la France (2,4%) et de l'Italie (1,9%).

Les années 2000

Le commerce du Mali était de 733,1 millions de dollars par an dans les années 2000, se situant au 136ème rang mondial à égalité avec la Polynésie française (751,0 millions de dollars). La part dans le monde était de 0,011% et de 0,49% en Afrique.

La part du commerce dans l'économie du Mali était de 12,9% dans les années 2000, au 148ème rang mondial, à égalité avec le Venezuela (12,9%), le Brésil (12,9%), les Bermudes (12,9%).

Le commerce par habitant au Mali était de 57.9 dollars dans les années 2000, se classant au 193ème rang mondial, à égalité avec le

Burkina Faso (57,4 de dollars), l'Ouganda (59,2 de dollars). Le commerce par habitant au Mali était 17,1 fois inférieur le commerce par habitant au Monde (990,3 US$), et 2,8 fois inférieur le commerce par habitant en Afrique (164,0 US$).

La croissance du commerce au Mali était de 8.6% dans les années 2000, au 29ème rang mondial, à égalité avec l'Asie centrale (8,5%), le Mozambique (8,5%). La croissance du commerce au Mali (8,6%) a été supérieure à celle du monde (2,7%), et supérieure à celle de l'Afrique (5,9%).

Comparaison avec les voisins. La valeur ajoutée du commerce au Mali était supérieure à celle de la Mauritanie (412,0 millions de dollars); mais inférieure à celle de l'Algérie (10,7 milliards de dollars), de la Côte d'Ivoire (2,0 milliards de dollars), du Sénégal (1,6 milliards de dollars), de la Guinée (1,1 milliards de dollars), du Burkina Faso (763,1 millions de dollars) et du Niger (753,5 millions de dollars). Le commerce par habitant au Mali était supérieur à celui du Burkina Faso (57,4 de dollars) et du Niger (56,0 de dollars); mais inférieur à celui de l'Algérie (322,9 de dollars), du Sénégal (147,0 de dollars), de la Mauritanie (137,7 de dollars), de la Guinée (124,7 de dollars) et de la Côte d'Ivoire (109,6 de dollars). La croissance du commerce au Mali était supérieure à celle du Burkina Faso (8,0%), de l'Algérie (7,8%), de la Mauritanie (5,7%), du Niger (3,7%), du Sénégal (3,0%), de la Guinée (1,3%) et de la Côte d'Ivoire (0,80%).

Comparaison avec les leaders. Le commerce du Mali était inférieur à celui des États-Unis (1,9 billions de dollars), du Japon (771,8 milliards de dollars), de l'Allemagne (296,0 milliards de dollars), du Royaume-Uni (293,5 milliards de dollars) et de la Chine (262,0 milliards de dollars). Le commerce par habitant au Mali était inférieur à celui des États-Unis (6 383,1 de dollars), du Japon (6 021,3 de dollars), du Royaume-Uni (4 856,7 de dollars), de l'Allemagne (3 637,0 de dollars) et de la Chine (197,5 de dollars). La croissance du commerce au Mali était supérieure à celle de l'Allemagne (1,7%), du Royaume-Uni (1,3%), des États-Unis (1,1%) et du Japon (-0,77%); mais inférieure à celle de la Chine (11,9%).

Les années 2010

La valeur du commerce au Mali était de 1,6 milliards de dollars par an dans les années 2010, se situant au 132ème rang mondial à égalité avec la Macédoine du Nord (1,6 milliards de dollars), le Niger (1,6 milliards de dollars). La part dans le monde était de 0,015% et de 0,47% en Afrique.

La part du commerce dans l'économie du Mali était de 12,3% dans les années 2010, au 158ème rang mondial, à égalité avec la Tanzanie (12,3%), l'Islande (12,2%).

Le commerce par habitant au Mali était de 93 dollars dans les années 2010, au 194ème rang mondial. Le commerce par habitant au Mali était 15,4 fois inférieur le commerce par habitant au Monde (1 436,8 US$), et 3,1 fois inférieur le commerce par habitant en Afrique (291,7 US$).

La croissance du commerce au Mali était de 6.6% dans les années 2010, au 29ème rang mondial, à égalité avec la Birmanie (6,6%), les Salomon (6,6%). La croissance du commerce au Mali (6,6%) a été supérieure à celle du monde (3,3%), et supérieure à celle de l'Afrique (3,4%).

Comparaison avec les voisins. Le secteur du commerce au Mali était 0,89% supérieur à celui du Niger (1,6 milliards de dollars), 4,5% supérieur à celui du Burkina Faso (1,5 milliards de dollars) et 85,9% supérieur à celui de la Mauritanie (863,3 millions de dollars); mais 14,7 fois inférieur à celui de l'Algérie (23,7 milliards de dollars), 3,5 fois inférieur à celui de la Côte d'Ivoire (5,6 milliards de dollars), 42,5% inférieur à celui du Sénégal (2,8 milliards de dollars) et 9,9% inférieur à celui de la Guinée (1,8 milliards de dollars). Le commerce par habitant au Mali était 8,3% supérieur à celui du Burkina Faso (85,9 de dollars) et 15,3% supérieur à celui du Niger (80,7 de dollars); mais 6,5 fois inférieur à celui de l'Algérie (600,5 de dollars), 2,6 fois inférieur à celui de la Côte d'Ivoire (244,8 de dollars), 2,3 fois inférieur à celui de la Mauritanie (216,0 de dollars), 2,1 fois inférieur à celui du Sénégal (193,4 de dollars) et 40,6% inférieur à celui de la Guinée (156,7 de dollars). La croissance du commerce au Mali était supérieure à celle de l'Algérie (5,4%), du Sénégal (5,1%), de la Mauritanie (4,5%), de la Guinée (4,3%), du Niger (4,2%), du Burkina Faso (3,4%) et de la Côte d'Ivoire (-5,8%).

Comparaison avec les leaders. La valeur ajoutée du commerce au Mali était 1 629,2 fois inférieure à celle des États-Unis (2,6 billions de dollars), 744,0 fois inférieure à celle de la Chine (1,2 billions de dollars), 541,6 fois inférieure à celle du Japon (869,5 milliards de dollars), 232,1 fois inférieure à celle de l'Allemagne (372,6 milliards de dollars) et 205,6 fois inférieure à celle du Royaume-Uni (330,0 milliards de dollars). Le commerce par habitant au Mali était 88,0 fois inférieur à celui des États-Unis (8 186,4 de dollars), 73,1 fois inférieur à celui du Japon (6 797,1 de dollars), 54,1 fois inférieur à celui du Royaume-Uni (5 030,4 de dollars), 48,9 fois inférieur à celui de l'Allemagne (4 551,8 de dollars) et 9,2 fois inférieur à celui de la Chine (851,7 de dollars). La croissance du commerce au Mali était supérieure à celle du Royaume-Uni (2,8%), des États-Unis (2,3%), de l'Allemagne (2,0%) et du Japon (0,77%); mais inférieure à celle de la Chine (8,9%).

Chapitre IX. Services

(ISIC J-P)

Le secteur des services au Mali est passé de 81,2 millions de dollars par an dans les années 1970 à 2,8 milliards de dollars par an dans les années 2010, c'est-à-dire 2,7 milliards de dollars ou de 34,7 fois. La variation a été de 1,7 milliards de dollars en raison de l'augmentation de 2,5 fois des prix, et de 925,7 millions de dollars en raison de la croissance de productivité de 5,3 fois, et de 136,4 millions de dollars en raison de la croissance démographique. La croissance annuelle moyenne des services était de 6,6%. La valeur minimale était de 28,2 millions de dollars en 1970. La valeur maximale était de 3,4 milliards de dollars en 2019.

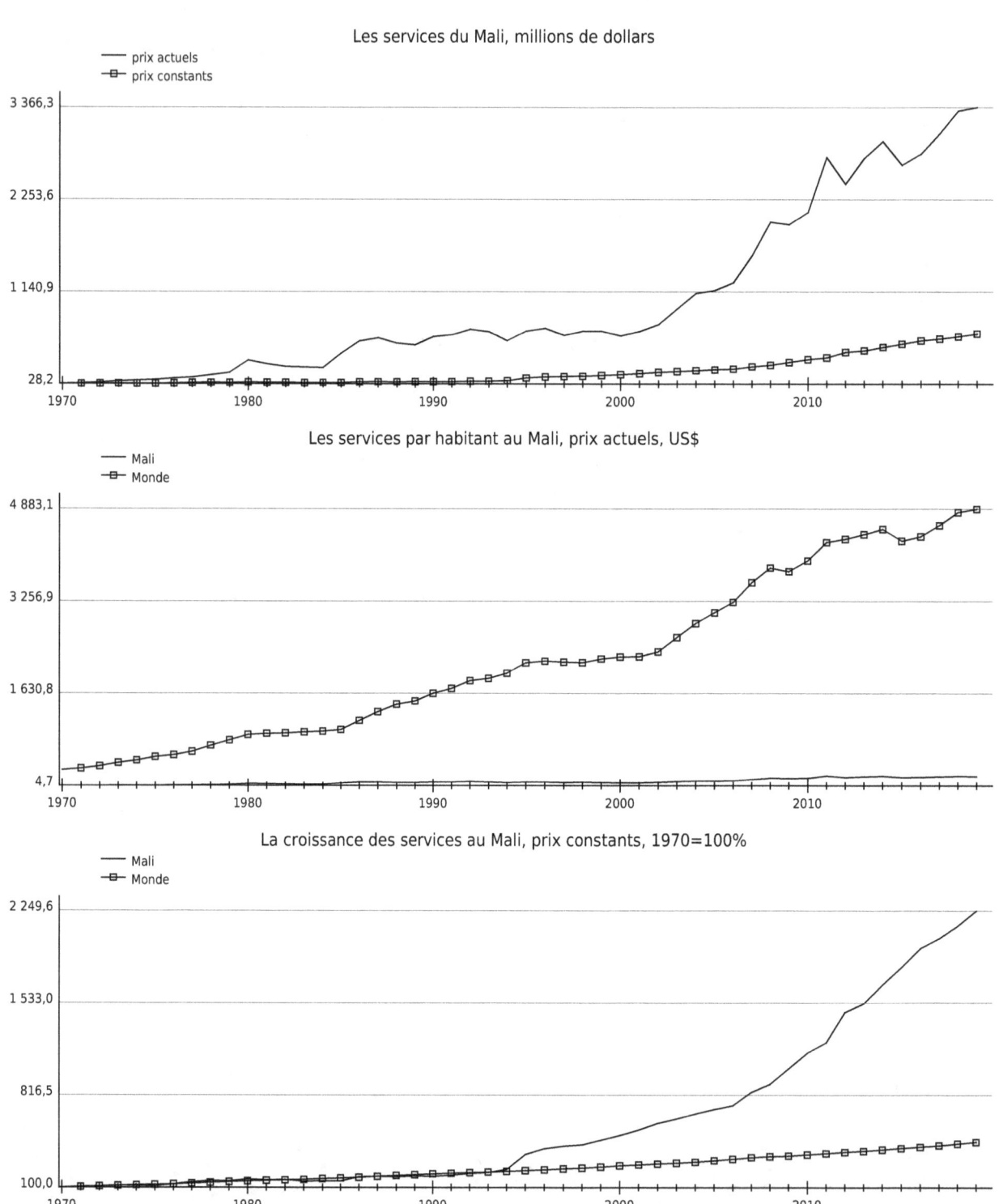

Chapitre IX. Services

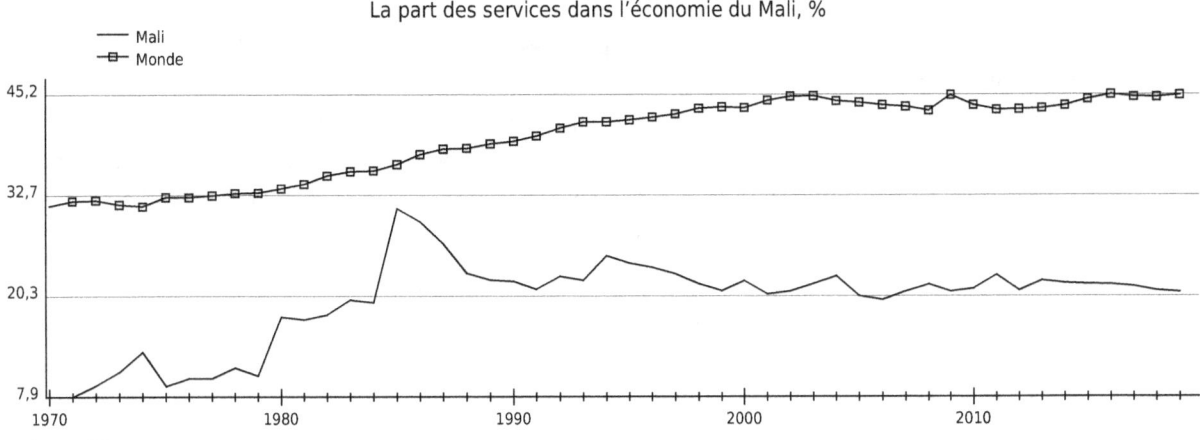

Les années 1970

Le secteur des services au Mali était de 81,2 millions de dollars par an dans les années 1970, se classant au 143ème rang mondial à égalité avec l'Andorre (79,5 millions de dollars). La part dans le monde était de 0,0040% et de 0,13% en Afrique.

La part des services dans l'économie du Mali était de 10,3% dans les années 1970, se classant au 181ème rang mondial.

Les services par habitant au Mali étaient de 12.6 dollars dans les années 1970, se situant au 185ème rang mondial. Les services par habitant au Mali étaient 40,2 fois inférieures les services par habitant au Monde (506,9 US$), et 12,4 fois inférieures les services par habitant en Afrique (156,0 US$).

La croissance des services au Mali était de 4.5% dans les années 1970, au 102ème rang mondial, à égalité avec les Comores (4,5%), la Tunisie (4,5%). La croissance des services au Mali (4,5%) a été supérieure à celle du monde (4,1%), et inférieure à celle de l'Afrique (5,5%).

Comparaison avec les voisins. Le secteur des services au Mali était inférieur à celui de l'Algérie (4,2 milliards de dollars), de la Côte d'Ivoire (746,0 millions de dollars), du Sénégal (666,1 millions de dollars), du Burkina Faso (295,7 millions de dollars), de la Mauritanie (262,4 millions de dollars), du Niger (251,1 millions de dollars) et de la Guinée (156,0 millions de dollars). Les services par habitant au Mali étaient inférieures à celles de l'Algérie (254,8 de dollars), de la Mauritanie (199,5 de dollars), du Sénégal (137,2 de dollars), de la Côte d'Ivoire (118,1 de dollars), du Niger (48,9 de dollars), du Burkina Faso (48,3 de dollars) et de la Guinée (35,0 de dollars). La croissance des services au Mali était supérieure à celle du Niger (3,5%), de la Guinée (3,0%) et du Sénégal (2,2%); mais inférieure à celle de la Mauritanie (16,1%), de l'Algérie (9,1%), de la Côte d'Ivoire (7,0%) et du Burkina Faso (6,7%).

Comparaison avec les leaders. La valeur des services au Mali était inférieure à celle des États-Unis (674,4 milliards de dollars), de l'URSS (168,3 milliards de dollars), du Japon (153,8 milliards de dollars), de l'Allemagne (150,2 milliards de dollars) et de la France (121,8 milliards de dollars). Les services par habitant au Mali étaient inférieures à celles des États-Unis (3 090,2 de dollars), de la France (2 271,8 de dollars), de l'Allemagne (1 907,6 de dollars), du Japon (1 381,3 de dollars) et de l'URSS (667,3 de dollars). La croissance des services au Mali était supérieure à celle de la France (3,9%), des États-Unis (3,3%) et de l'URSS (0,90%); mais inférieure à celle du Japon (5,9%) et de l'Allemagne (4,8%).

Les années 1980

La valeur des services au Mali était de 380,7 millions de dollars par an dans les années 1980, se situant au 126ème rang mondial à égalité avec le Bénin (374,9 millions de dollars), Malte (386,7 millions de dollars), Maurice (374,2 millions de dollars). La part dans le monde était de 0,0071% et de 0,30% en Afrique.

La part des services dans l'économie du Mali était de 22,8% dans les années 1980, se situant au 136ème rang mondial, à égalité avec la Syrie (22,8%), la Côte d'Ivoire (22,8%), le Guyana (23,0%).

Les services par habitant au Mali étaient de 49.3 dollars dans les années 1980, se classant au 171ème rang mondial, à égalité avec la Guinée-Bissau (49,9 de dollars), Sierra Leone (50,2 de dollars). Les services par habitant au Mali étaient 22,6 fois inférieures les services par habitant au Monde (1 115,5 US$), et 4,8 fois inférieures les services par habitant en Afrique (235,7 US$).

La croissance des services au Mali était de 2.3% dans les années 1980, au 138ème rang mondial, à égalité avec la Tanzanie (2,3%), Monaco (2,3%). La croissance des services au Mali (2,3%) a été inférieure à celle du monde (3,3%), et inférieure à celle de l'Afrique

(3,9%).

Comparaison avec les voisins. Les services du Mali étaient supérieures à celles de la Guinée (357,9 millions de dollars); mais inférieures à celles de l'Algérie (11,2 milliards de dollars), de la Côte d'Ivoire (1,9 milliards de dollars), du Sénégal (1,5 milliards de dollars), du Burkina Faso (671,0 millions de dollars), du Niger (572,9 millions de dollars) et de la Mauritanie (472,1 millions de dollars). Les services par habitant au Mali étaient inférieures à celles de l'Algérie (507,5 de dollars), de la Mauritanie (268,6 de dollars), du Sénégal (240,6 de dollars), de la Côte d'Ivoire (196,4 de dollars), du Burkina Faso (87,7 de dollars), du Niger (83,7 de dollars) et de la Guinée (65,7 de dollars). La croissance des services au Mali était supérieure à celle de la Mauritanie (-0,91%), du Niger (-1,9%) et de la Côte d'Ivoire (-3,4%); mais inférieure à celle du Burkina Faso (6,3%), de l'Algérie (3,3%), du Sénégal (3,3%) et de la Guinée (3,0%).

Comparaison avec les leaders. La valeur ajoutée des services au Mali était inférieure à celle des États-Unis (1,9 billions de dollars), du Japon (619,9 milliards de dollars), de l'Allemagne (362,2 milliards de dollars), de la France (294,5 milliards de dollars) et du Royaume-Uni (265,4 milliards de dollars). Les services par habitant au Mali étaient inférieures à celles des États-Unis (7 844,6 de dollars), de la France (5 211,0 de dollars), du Japon (5 111,4 de dollars), du Royaume-Uni (4 700,6 de dollars) et de l'Allemagne (4 642,6 de dollars). La croissance des services au Mali était supérieure à celle de la France (2,3%); mais inférieure à celle du Japon (4,8%), du Royaume-Uni (3,3%), de l'Allemagne (3,1%) et des États-Unis (2,8%).

Les années 1990

La valeur ajoutée des services au Mali était de 642,2 millions de dollars par an dans les années 1990, se situant au 142ème rang mondial à égalité avec le Niger (654,5 millions de dollars), le Mozambique (657,5 millions de dollars). La part dans le monde était de 0,0056% et de 0,42% en Afrique.

La part des services dans l'économie du Mali était de 22,7% dans les années 1990, se classant au 156ème rang mondial, à égalité avec la Roumanie (22,6%), la Mauritanie (22,8%), l'Égypte (22,5%).

Les services par habitant au Mali étaient de 67.7 dollars dans les années 1990, au 186ème rang mondial, à égalité avec l'Ouganda (67,2 de dollars), le Malawi (66,2 de dollars). Les services par habitant au Mali étaient 29,8 fois inférieures les services par habitant au Monde (2 014,6 US$), et 3,2 fois inférieures les services par habitant en Afrique (217,8 US$).

La croissance des services au Mali était de 9.6% dans les années 1990, se classant au 9ème rang mondial. La croissance des services au Mali (9,6%) a été supérieure à celle du monde (2,7%), et supérieure à celle de l'Afrique (2,6%).

Comparaison avec les voisins. La valeur des services au Mali était supérieure à celle de la Guinée (591,7 millions de dollars) et de la Mauritanie (485,8 millions de dollars); mais inférieure à celle de l'Algérie (9,4 milliards de dollars), de la Côte d'Ivoire (2,6 milliards de dollars), du Sénégal (2,2 milliards de dollars), du Burkina Faso (961,6 millions de dollars) et du Niger (654,5 millions de dollars). Les services par habitant au Mali étaient inférieures à celles de l'Algérie (331,1 de dollars), du Sénégal (251,9 de dollars), de la Mauritanie (212,2 de dollars), de la Côte d'Ivoire (189,0 de dollars), du Burkina Faso (96,2 de dollars), de la Guinée (82,3 de dollars) et du Niger (69,7 de dollars). La croissance des services au Mali était supérieure à celle du Burkina Faso (4,3%), de la Guinée (3,5%), du Sénégal (3,3%), du Niger (3,1%), de la Côte d'Ivoire (2,4%), de la Mauritanie (1,6%) et de l'Algérie (1,6%).

Comparaison avec les leaders. La valeur ajoutée des services au Mali était inférieure à celle des États-Unis (3,8 billions de dollars), du Japon (1,6 billions de dollars), de l'Allemagne (908,0 milliards de dollars), de la France (628,2 milliards de dollars) et du Royaume-Uni (592,3 milliards de dollars). Les services par habitant au Mali étaient inférieures à celles des États-Unis (14 354,4 de dollars), du Japon (12 820,4 de dollars), de l'Allemagne (11 259,5 de dollars), de la France (10 578,2 de dollars) et du Royaume-Uni (10 233,8 de dollars). La croissance des services au Mali était supérieure à celle de l'Allemagne (3,2%), du Royaume-Uni (3,0%), des États-Unis (2,3%), du Japon (1,7%) et de la France (1,6%).

Les années 2000

La valeur des services au Mali était de 1,2 milliards de dollars par an dans les années 2000, se classant au 143ème rang mondial. La part dans le monde était de 0,0061% et de 0,42% en Afrique.

La part des services dans l'économie du Mali était de 21,1% dans les années 2000, se classant au 180ème rang mondial, à égalité avec l'Éthiopie (21,1%), le Qatar (21,2%).

Les services par habitant au Mali étaient de 94.7 dollars dans les années 2000, se classant au 190ème rang mondial, à égalité avec le Mozambique (95,8 de dollars), le Togo (93,6 de dollars), la Guinée (96,5 de dollars). Les services par habitant au Mali étaient 31,8 fois

Chapitre IX. Services

inférieures les services par habitant au Monde (3 011,2 US$), et 3,3 fois inférieures les services par habitant en Afrique (314,3 US$).

La croissance des services au Mali était de 8.1% dans les années 2000, se classant au 19ème rang mondial, à égalité avec Cuba (8,1%), le Burundi (8,1%). La croissance des services au Mali (8,1%) a été supérieure à celle du monde (2,9%), et supérieure à celle de l'Afrique (5,1%).

Comparaison avec les voisins. Les services du Mali étaient supérieures à celles du Niger (875,6 millions de dollars), de la Guinée (873,9 millions de dollars) et de la Mauritanie (682,0 millions de dollars); mais inférieures à celles de l'Algérie (15,1 milliards de dollars), de la Côte d'Ivoire (4,5 milliards de dollars), du Sénégal (3,3 milliards de dollars) et du Burkina Faso (1,7 milliards de dollars). Les services par habitant au Mali étaient supérieures à celles du Niger (65,1 de dollars); mais inférieures à celles de l'Algérie (456,5 de dollars), du Sénégal (301,0 de dollars), de la Côte d'Ivoire (248,3 de dollars), de la Mauritanie (227,8 de dollars), du Burkina Faso (131,6 de dollars) et de la Guinée (96,5 de dollars). La croissance des services au Mali était supérieure à celle du Burkina Faso (5,1%), de l'Algérie (4,4%), de la Guinée (3,9%), du Sénégal (3,8%), du Niger (3,0%), de la Côte d'Ivoire (0,50%) et de la Mauritanie (-0,051%).

Comparaison avec les leaders. Le secteur des services au Mali était inférieur à celui des États-Unis (6,7 billions de dollars), du Japon (2,0 billions de dollars), de l'Allemagne (1,2 billions de dollars), du Royaume-Uni (1,1 billions de dollars) et de la France (997,0 milliards de dollars). Les services par habitant au Mali étaient inférieures à celles des États-Unis (22 883,5 de dollars), du Royaume-Uni (18 012,4 de dollars), de la France (15 875,1 de dollars), du Japon (15 302,2 de dollars) et de l'Allemagne (14 979,9 de dollars). La croissance des services au Mali était supérieure à celle du Royaume-Uni (2,7%), des États-Unis (2,0%), de la France (1,5%), du Japon (1,2%) et de l'Allemagne (0,57%).

Les années 2010

Les services du Mali étaient de 2,8 milliards de dollars par an dans les années 2010, au 145ème rang mondial à égalité avec le Liechtenstein (2,8 milliards de dollars), la Mongolie (2,8 milliards de dollars). La part dans le monde était de 0,0086% et de 0,46% en Afrique.

La part des services dans l'économie du Mali était de 21,6% dans les années 2010, se situant au 185ème rang mondial, à égalité avec la Tanzanie (21,5%), la République centrafricaine (21,4%).

Les services par habitant au Mali étaient de 163.5 dollars dans les années 2010, au 193ème rang mondial. Les services par habitant au Mali étaient 27,3 fois inférieures les services par habitant au Monde (4 467,8 US$), et 3,2 fois inférieures les services par habitant en Afrique (528,2 US$).

La croissance des services au Mali était de 8.2% dans les années 2010, au 9ème rang mondial, à égalité avec l'Ouzbékistan (8,2%), Nauru (8,3%). La croissance des services au Mali (8,2%) a été supérieure à celle du monde (2,7%), et supérieure à celle de l'Afrique (3,4%).

Comparaison avec les voisins. Le secteur des services au Mali était 49,5% supérieur à celui du Niger (1,9 milliards de dollars), 62,9% supérieur à celui de la Guinée (1,7 milliards de dollars) et 78,9% supérieur à celui de la Mauritanie (1,6 milliards de dollars); mais 14,4 fois inférieur à celui de l'Algérie (40,5 milliards de dollars), 4,3 fois inférieur à celui de la Côte d'Ivoire (12,3 milliards de dollars), 2,1 fois inférieur à celui du Sénégal (5,9 milliards de dollars) et 21,8% inférieur à celui du Burkina Faso (3,6 milliards de dollars). Les services par habitant au Mali étaient 7,3% supérieures à celles de la Guinée (152,3 de dollars) et 70,9% supérieures à celles du Niger (95,7 de dollars); mais 6,3 fois inférieures à celles de l'Algérie (1 029,1 de dollars), 3,3 fois inférieures à celles de la Côte d'Ivoire (533,1 de dollars), 2,5 fois inférieures à celles du Sénégal (407,8 de dollars), 2,4 fois inférieures à celles de la Mauritanie (394,6 de dollars) et 18,9% inférieures à celles du Burkina Faso (201,6 de dollars). La croissance des services au Mali était supérieure à celle du Burkina Faso (7,5%), de la Guinée (6,3%), du Niger (5,6%), du Sénégal (4,8%), de la Mauritanie (4,7%), de l'Algérie (4,1%) et de la Côte d'Ivoire (-11,4%).

Comparaison avec les leaders. La valeur ajoutée des services au Mali était 3 528,7 fois inférieure à celle des États-Unis (10,0 billions de dollars), 1 257,3 fois inférieure à celle de la Chine (3,5 billions de dollars), 805,9 fois inférieure à celle du Japon (2,3 billions de dollars), 569,8 fois inférieure à celle de l'Allemagne (1,6 billions de dollars) et 480,5 fois inférieure à celle du Royaume-Uni (1,4 billions de dollars). Les services par habitant au Mali étaient 190,6 fois inférieures à celles des États-Unis (31 159,6 de dollars), 126,4 fois inférieures à celles du Royaume-Uni (20 663,8 de dollars), 120,1 fois inférieures à celles de l'Allemagne (19 637,7 de dollars), 108,7 fois inférieures à celles du Japon (17 771,8 de dollars) et 15,5 fois inférieures à celles de la Chine (2 529,2 de dollars). La croissance des services au Mali était supérieure à celle des États-Unis (1,8%), du Royaume-Uni (1,7%), de l'Allemagne (1,2%) et du Japon (0,99%); mais inférieure à celle de la Chine (8,4%).

Partie III. Relations extérieures

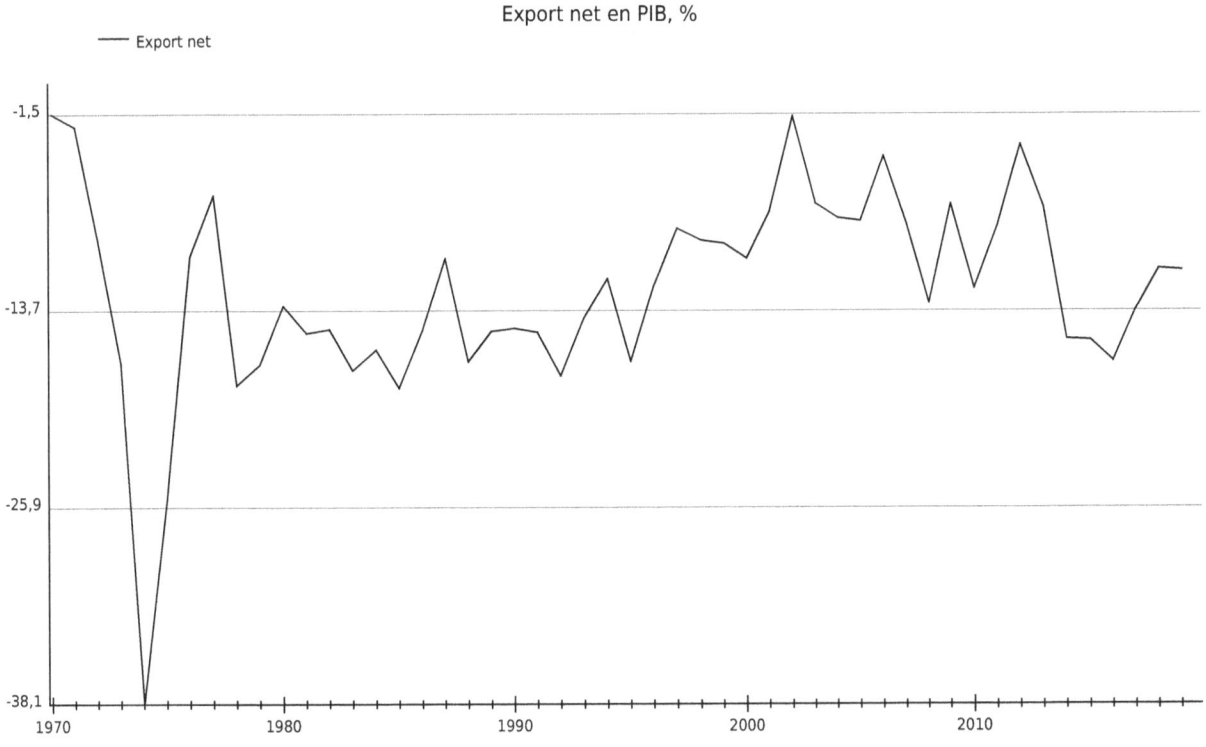

Chapitre X. Exportations

La valeur des exportations au Mali est passé de 131,8 millions de dollars par an dans les années 1970 à 3,4 milliards de dollars par an dans les années 2010, c'est-à-dire 3,2 milliards de dollars ou de 25,4 fois. La variation a été de 579,6 millions de dollars en raison de l'augmentation de 1,2 fois des prix, et de 2,4 milliards de dollars en raison de la croissance du taux par habitant de 7,8 fois, et de 221,5 millions de dollars en raison de la croissance démographique. La croissance annuelle moyenne des exportations était de 7,6%. La valeur minimale était de 57,6 millions de dollars en 1970. La valeur maximale était de 4,2 milliards de dollars en 2018.

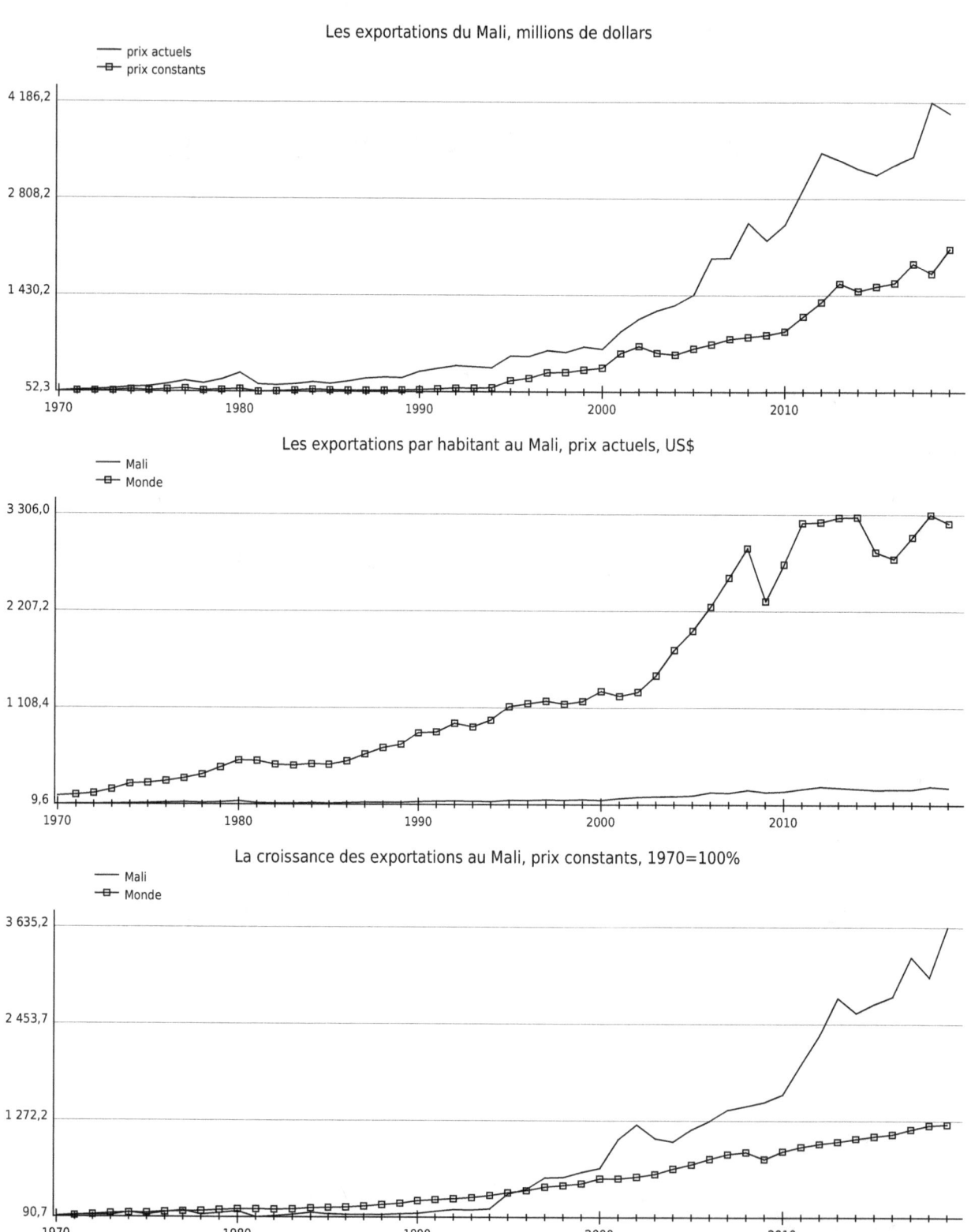

Chapitre X. Exportations

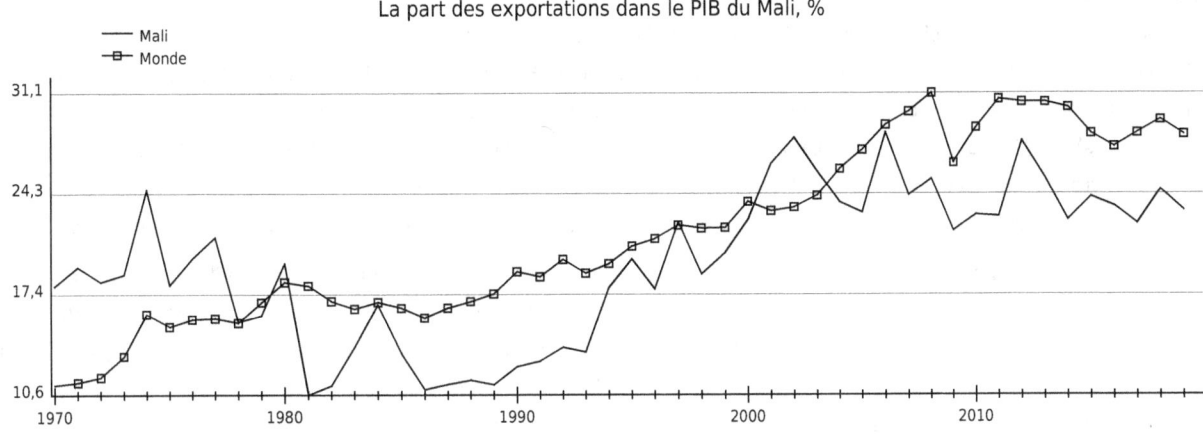
La part des exportations dans le PIB du Mali, %

Les années 1970

La valeur des exportations au Mali était de 131,8 millions de dollars par an dans les années 1970, au 132ème rang mondial à égalité avec le Liechtenstein (129,6 millions de dollars). La part dans le monde était de 0,013% et de 0,23% en Afrique.

La part des exportations dans le PIB du Mali était de 18,5% dans les années 1970, au 126ème rang mondial, à égalité avec la Polynésie française (18,4%).

Les exportations par habitant au Mali étaient de 20.5 dollars dans les années 1970, se classant au 166ème rang mondial, à égalité avec le Soudan (20,3 de dollars). Les exportations par habitant au Mali étaient 11,8 fois inférieures les exportations par habitant au Monde (242,1 US$), et 6,7 fois inférieures les exportations par habitant en Afrique (137,0 US$).

La croissance des exportations au Mali était de 3.6% dans les années 1970, au 130ème rang mondial, à égalité avec d'Anguilla (3,6%). La croissance des exportations au Mali (3,6%) a été inférieure à celle du monde (6,5%), et inférieure à celle de l'Afrique (5,7%).

Comparaison avec les voisins. La valeur des exportations au Mali était supérieure à celle du Burkina Faso (83,1 millions de dollars); mais inférieure à celle de l'Algérie (4,6 milliards de dollars), de la Côte d'Ivoire (1,7 milliards de dollars), du Sénégal (487,7 millions de dollars), de la Mauritanie (196,6 millions de dollars), du Niger (195,5 millions de dollars) et de la Guinée (192,5 millions de dollars). Les exportations par habitant au Mali étaient supérieures à celles du Burkina Faso (13,6 de dollars); mais inférieures à celles de l'Algérie (276,8 de dollars), de la Côte d'Ivoire (263,7 de dollars), de la Mauritanie (149,5 de dollars), du Sénégal (100,5 de dollars), de la Guinée (43,1 de dollars) et du Niger (38,1 de dollars). La croissance des exportations au Mali était supérieure à celle de la Guinée (3,1%), de l'Algérie (2,5%), du Sénégal (1,5%) et de la Mauritanie (-1,4%); mais inférieure à celle du Burkina Faso (8,4%), du Niger (4,2%) et de la Côte d'Ivoire (4,0%).

Comparaison avec les leaders. La valeur des exportations au Mali était inférieure à celle des États-Unis (128,0 milliards de dollars), de l'Allemagne (82,9 milliards de dollars), de la France (64,3 milliards de dollars), du Japon (64,1 milliards de dollars) et du Royaume-Uni (61,3 milliards de dollars). Les exportations par habitant au Mali étaient inférieures à celles de la France (1 199,1 de dollars), du Royaume-Uni (1 094,1 de dollars), de l'Allemagne (1 052,2 de dollars), des États-Unis (586,5 de dollars) et du Japon (575,8 de dollars). La croissance des exportations au Mali était inférieure à celle du Japon (8,6%), de la France (7,8%), des États-Unis (6,8%), de l'Allemagne (5,1%) et du Royaume-Uni (5,0%).

Les années 1980

Les exportations du Mali étaient de 212,1 millions de dollars par an dans les années 1980, se classant au 140ème rang mondial. La part dans le monde était de 0,0083% et de 0,19% en Afrique.

La part des exportations dans le PIB du Mali était de 12,8% dans les années 1980, au 150ème rang mondial.

Les exportations par habitant au Mali étaient de 27.4 dollars dans les années 1980, au 168ème rang mondial. Les exportations par habitant au Mali étaient 19,3 fois inférieures les exportations par habitant au Monde (529,9 US$), et 7,3 fois inférieures les exportations par habitant en Afrique (201,4 US$).

La croissance des exportations au Mali était de -0.6% dans les années 1980, au 151ème rang mondial. La croissance des exportations au Mali (-0,56%) a été inférieure à celle du monde (3,8%), et supérieure à celle de l'Afrique (-0,87%).

Comparaison avec les voisins. La valeur des exportations au Mali était inférieure à celle de l'Algérie (12,1 milliards de dollars), de la Côte d'Ivoire (3,2 milliards de dollars), du Sénégal (910,1 millions de dollars), du Niger (460,4 millions de dollars), de la Mauritanie (455,2 millions de dollars), de la Guinée (443,4 millions de dollars) et du Burkina Faso (219,2 millions de dollars). Les exportations par habitant au Mali étaient inférieures à celles de l'Algérie (546,2 de dollars), de la Côte d'Ivoire (325,1 de dollars), de la Mauritanie (259,0 de dollars), du Sénégal (142,2 de dollars), de la Guinée (81,4 de dollars), du Niger (67,3 de dollars) et du Burkina Faso (28,6 de dollars). La croissance des exportations au Mali était supérieure à celle du Niger (-2,0%); mais inférieure à celle de la Mauritanie (7,0%), de la Côte d'Ivoire (6,9%), de la Guinée (3,7%), de l'Algérie (2,4%), du Sénégal (2,1%) et du Burkina Faso (-0,27%).

Comparaison avec les leaders. Les exportations du Mali étaient inférieures à celles des États-Unis (338,6 milliards de dollars), du Japon (210,6 milliards de dollars), de l'Allemagne (208,1 milliards de dollars), de la France (155,9 milliards de dollars) et du Royaume-Uni (155,0 milliards de dollars). Les exportations par habitant au Mali étaient inférieures à celles de la France (2 757,6 de dollars), du Royaume-Uni (2 744,8 de dollars), de l'Allemagne (2 667,0 de dollars), du Japon (1 736,5 de dollars) et des États-Unis (1 413,8 de dollars). La croissance des exportations au Mali était inférieure à celle du Japon (6,7%), des États-Unis (5,7%), de l'Allemagne (4,7%), de la France (4,0%) et du Royaume-Uni (3,0%).

Les années 1990

La valeur des exportations au Mali était de 504,2 millions de dollars par an dans les années 1990, se classant au 153ème rang mondial à égalité avec le Togo (503,4 millions de dollars), la Palestine (502,0 millions de dollars), le Bénin (509,6 millions de dollars). La part dans le monde était de 0,0086% et de 0,35% en Afrique.

La part des exportations dans le PIB du Mali était de 17,0% dans les années 1990, se classant au 168ème rang mondial, à égalité avec l'Uruguay (17,0%), Cuba (16,8%).

Les exportations par habitant au Mali étaient de 53.1 dollars dans les années 1990, se classant au 187ème rang mondial, à égalité avec le Liberia (53,2 de dollars), Madagascar (53,9 de dollars). Les exportations par habitant au Mali étaient 19,4 fois inférieures les exportations par habitant au Monde (1 029,5 US$), et 3,8 fois inférieures les exportations par habitant en Afrique (202,1 US$).

La croissance des exportations au Mali était de 17.3% dans les années 1990, au 8ème rang mondial. La croissance des exportations au Mali (17,3%) a été supérieure à celle du monde (6,9%), et supérieure à celle de l'Afrique (2,5%).

Comparaison avec les voisins. Les exportations du Mali étaient supérieures à celles du Niger (378,4 millions de dollars) et du Burkina Faso (322,7 millions de dollars); mais inférieures à celles de l'Algérie (12,5 milliards de dollars), de la Côte d'Ivoire (4,1 milliards de dollars), du Sénégal (1,3 milliards de dollars), de la Guinée (572,6 millions de dollars) et de la Mauritanie (545,4 millions de dollars). Les exportations par habitant au Mali étaient supérieures à celles du Niger (40,3 de dollars) et du Burkina Faso (32,3 de dollars); mais inférieures à celles de l'Algérie (441,0 de dollars), de la Côte d'Ivoire (291,8 de dollars), de la Mauritanie (238,2 de dollars), du Sénégal (154,4 de dollars) et de la Guinée (79,7 de dollars). La croissance des exportations au Mali était supérieure à celle du Burkina Faso (5,8%), de la Côte d'Ivoire (5,7%), du Sénégal (2,9%), de l'Algérie (2,8%), de la Mauritanie (1,6%), du Niger (1,5%) et de la Guinée (0,38%).

Comparaison avec les leaders. Les exportations du Mali étaient inférieures à celles des États-Unis (773,6 milliards de dollars), de l'Allemagne (509,0 milliards de dollars), du Japon (418,7 milliards de dollars), de la France (329,8 milliards de dollars) et du Royaume-Uni (324,3 milliards de dollars). Les exportations par habitant au Mali étaient inférieures à celles de l'Allemagne (6 311,2 de dollars), du Royaume-Uni (5 602,2 de dollars), de la France (5 553,9 de dollars), du Japon (3 320,8 de dollars) et des États-Unis (2 925,3 de dollars). La croissance des exportations au Mali était supérieure à celle des États-Unis (7,2%), de la France (6,5%), de l'Allemagne (6,0%), du Royaume-Uni (5,7%) et du Japon (4,2%).

Les années 2000

Les exportations du Mali étaient de 1,5 milliards de dollars par an dans les années 2000, se situant au 143ème rang mondial à égalité avec la Mongolie (1,5 milliards de dollars), l'Ouganda (1,5 milliards de dollars). La part dans le monde était de 0,012% et de 0,42% en Afrique.

La structure des exportations: produits primaires (38,5%), articles manufacturés provenant de ressources naturelles (2,8%), articles manufacturés à faible technologie (1,8%), articles manufacturés de technologie moyenne (4,7%), articles manufacturés à haute technologie (2,1%).

Chapitre X. Exportations

Le Mali a exporté des marchandises vers l'Afrique du Sud (35,2%), la Suisse (11,7%), la Chine (6,5%), la Thaïlande (3,9%), le Sénégal (3,2%) et d'autres pays (39,6%).

La part des exportations dans le PIB du Mali était de 24,7% dans les années 2000, au 158ème rang mondial, à égalité avec le Mozambique (24,5%), l'Afrique de l'Ouest (24,5%).

Les exportations par habitant au Mali étaient de 120.2 dollars dans les années 2000, se situant au 182ème rang mondial, à égalité avec le Bénin (121,6 de dollars). Les exportations par habitant au Mali étaient 16,1 fois inférieures les exportations par habitant au Monde (1 933,7 US$), et 3,3 fois inférieures les exportations par habitant en Afrique (398,4 US$).

La croissance des exportations au Mali était de 8.9% dans les années 2000, se situant au 43ème rang mondial, à égalité avec l'Est (8,9%), la Moldavie (8,9%). La croissance des exportations au Mali (8,9%) a été supérieure à celle du monde (4,8%), et supérieure à celle de l'Afrique (5,3%).

Comparaison avec les voisins. La valeur des exportations au Mali était supérieure à celle de la Mauritanie (1,0 milliards de dollars), de la Guinée (946,3 millions de dollars), du Niger (634,4 millions de dollars) et du Burkina Faso (626,1 millions de dollars); mais inférieure à celle de l'Algérie (42,3 milliards de dollars), de la Côte d'Ivoire (8,0 milliards de dollars) et du Sénégal (2,3 milliards de dollars). Les exportations par habitant au Mali étaient supérieures à celles de la Guinée (104,5 de dollars), du Burkina Faso (47,1 de dollars) et du Niger (47,1 de dollars); mais inférieures à celles de l'Algérie (1 281,2 de dollars), de la Côte d'Ivoire (439,3 de dollars), de la Mauritanie (348,4 de dollars) et du Sénégal (204,8 de dollars). La croissance des exportations au Mali était supérieure à celle de la Guinée (6,1%), de la Mauritanie (5,9%), du Niger (5,7%), du Sénégal (2,2%), de la Côte d'Ivoire (1,0%) et de l'Algérie (0,89%); mais inférieure à celle du Burkina Faso (9,6%).

Comparaison avec les leaders. La valeur des exportations au Mali était inférieure à celle des États-Unis (1,3 billions de dollars), de l'Allemagne (1,0 billions de dollars), de la Chine (780,2 milliards de dollars), du Japon (626,3 milliards de dollars) et du Royaume-Uni (591,1 milliards de dollars). Les exportations par habitant au Mali étaient inférieures à celles de l'Allemagne (12 836,9 de dollars), du Royaume-Uni (9 780,7 de dollars), du Japon (4 886,4 de dollars), des États-Unis (4 488,4 de dollars) et de la Chine (588,1 de dollars). La croissance des exportations au Mali était supérieure à celle de l'Allemagne (5,0%), du Japon (3,5%), des États-Unis (3,3%) et du Royaume-Uni (2,8%); mais inférieure à celle de la Chine (12,7%).

Les années 2010

La valeur des exportations au Mali était de 3,4 milliards de dollars par an dans les années 2010, se situant au 139ème rang mondial à égalité avec Madagascar (3,3 milliards de dollars), les Bermudes (3,4 milliards de dollars). La part dans le monde était de 0,015% et de 0,54% en Afrique.

La structure des exportations: produits primaires (17,9%), articles manufacturés provenant de ressources naturelles (4,1%), articles manufacturés à faible technologie (1,3%), articles manufacturés de technologie moyenne (5,7%), articles manufacturés à haute technologie (1,1%).

Le Mali a exporté des marchandises vers les Émirats arabes unis (31,4%), la Suisse (17,5%), l'Afrique du Sud (15,9%), la Chine (4,6%), la Côte d'Ivoire (4,3%) et d'autres pays (26,2%).

La part des exportations dans le PIB du Mali était de 23,8% dans les années 2010, au 157ème rang mondial, à égalité avec la République dominicaine (23,9%), la Guinée-Bissau (23,6%).

Les exportations par habitant au Mali étaient de 194.2 dollars dans les années 2010, se situant au 184ème rang mondial, à égalité avec le Burkina Faso (193,8 de dollars). Les exportations par habitant au Mali étaient 16,0 fois inférieures les exportations par habitant au Monde (3 098,9 US$), et 2,8 fois inférieures les exportations par habitant en Afrique (534,3 US$).

La croissance des exportations au Mali était de 9.3% dans les années 2010, au 25ème rang mondial, à égalité avec le Cap-Vert (9,2%), les Philippines (9,2%). La croissance des exportations au Mali (9,3%) a été supérieure à celle du monde (4,4%), et supérieure à celle de l'Afrique (-1,2%).

Comparaison avec les voisins. La valeur des exportations au Mali était 16,1% supérieure à celle de la Guinée (2,9 milliards de dollars), 21,6% supérieure à celle de la Mauritanie (2,8 milliards de dollars) et 2,2 fois supérieure à celle du Niger (1,5 milliards de dollars); mais 16,3 fois inférieure à celle de l'Algérie (54,6 milliards de dollars), 3,9 fois inférieure à celle de la Côte d'Ivoire (13,1 milliards de dollars), 23,1% inférieure à celle du Sénégal (4,4 milliards de dollars) et 3,4% inférieure à celle du Burkina Faso (3,5 milliards de dollars). Les exportations par habitant au Mali étaient 0,19% supérieures à celles du Burkina Faso (193,8 de dollars) et 2,5 fois supérieures à celles du Niger (76,8 de dollars); mais 7,1 fois inférieures à celles de l'Algérie (1 384,6 de dollars), 3,6 fois inférieures à celles de la Mauritanie (689,6 de dollars), 2,9 fois inférieures à celles de la Côte d'Ivoire (567,2 de dollars), 35,7% inférieures à celles du Sénégal (302,0 de dollars) et 23,5% inférieures à celles de la Guinée (253,8 de dollars). La croissance des exportations au Mali était supérieure à celle du Sénégal (8,2%), du Niger (4,1%), de la Mauritanie (2,7%), de la Côte d'Ivoire (1,8%) et de l'Algérie (-1,9%); mais inférieure à celle de la Guinée (14,3%) et du Burkina Faso (10,5%).

Comparaison avec les leaders. Les exportations du Mali étaient 684,3 fois inférieures à celles de la Chine (2,3 billions de dollars), 677,2 fois inférieures à celles des États-Unis (2,3 billions de dollars), 502,3 fois inférieures à celles de l'Allemagne (1,7 billions de dollars), 256,4 fois inférieures à celles du Japon (859,4 milliards de dollars) et 243,2 fois inférieures à celles du Royaume-Uni (815,1 milliards de dollars). Les exportations par habitant au Mali étaient 105,9 fois inférieures à celles de l'Allemagne (20 563,4 de dollars), 64,0 fois inférieures à celles du Royaume-Uni (12 425,4 de dollars), 36,6 fois inférieures à celles des États-Unis (7 104,2 de dollars), 34,6 fois inférieures à celles du Japon (6 718,2 de dollars) et 8,4 fois inférieures à celles de la Chine (1 635,3 de dollars). La croissance des exportations au Mali était supérieure à celle de la Chine (6,8%), de l'Allemagne (4,7%), du Japon (4,6%), des États-Unis (3,7%) et du Royaume-Uni (3,1%).

Chapitre XI. Importations

La valeur des importations au Mali est passé de 241,2 millions de dollars par an dans les années 1970 à 5,0 milliards de dollars par an dans les années 2010, c'est-à-dire 4,7 milliards de dollars ou de 20,7 fois. La variation a été de 1,3 milliards de dollars en raison de l'augmentation de 1,3 fois des prix, et de 3,1 milliards de dollars en raison de la croissance du taux par habitant de 5,8 fois, et de 405,2 millions de dollars en raison de la croissance démographique. La croissance annuelle moyenne des importations était de 8,1%. La valeur minimale était de 62,4 millions de dollars en 1970. La valeur maximale était de 6,1 milliards de dollars en 2018.

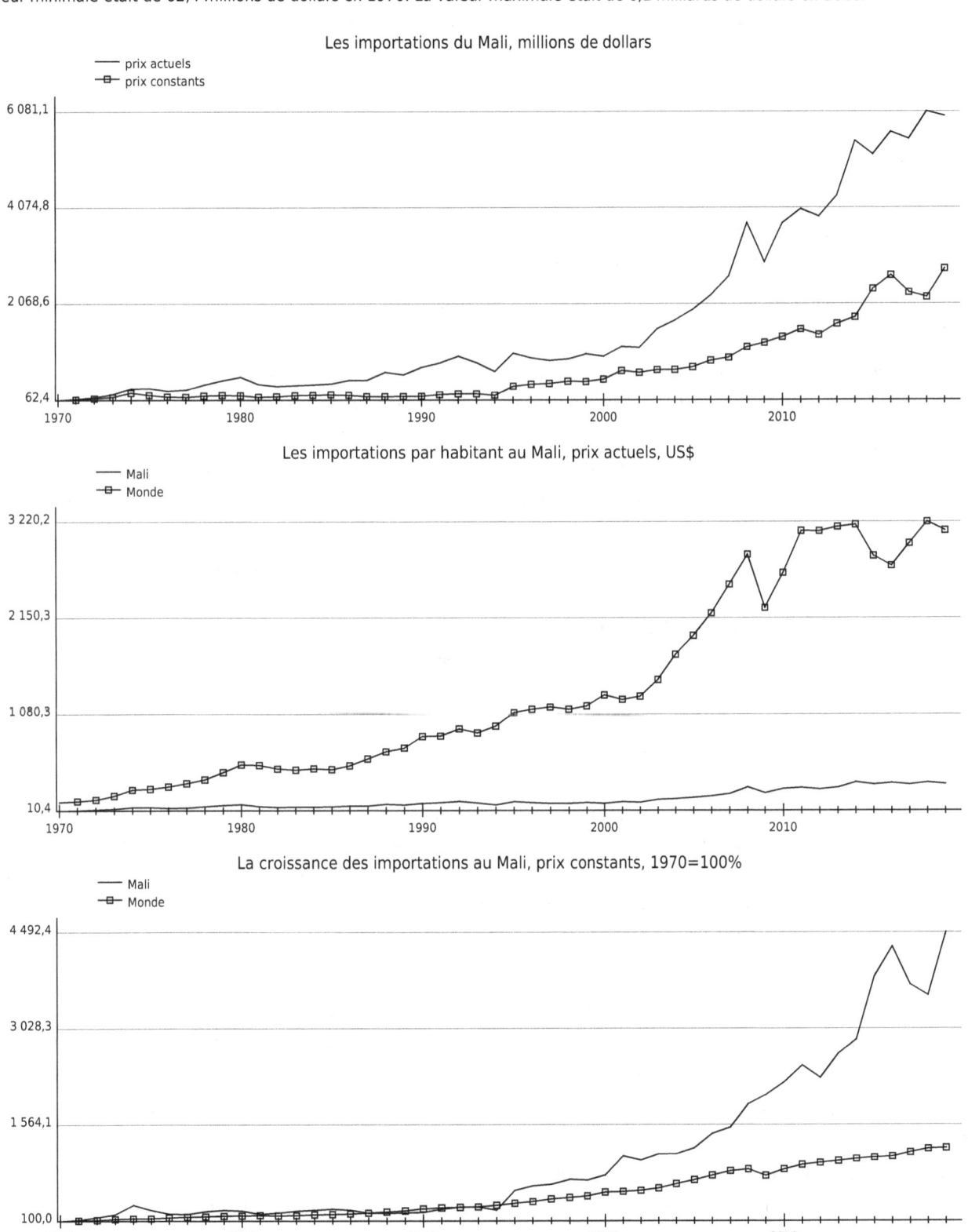

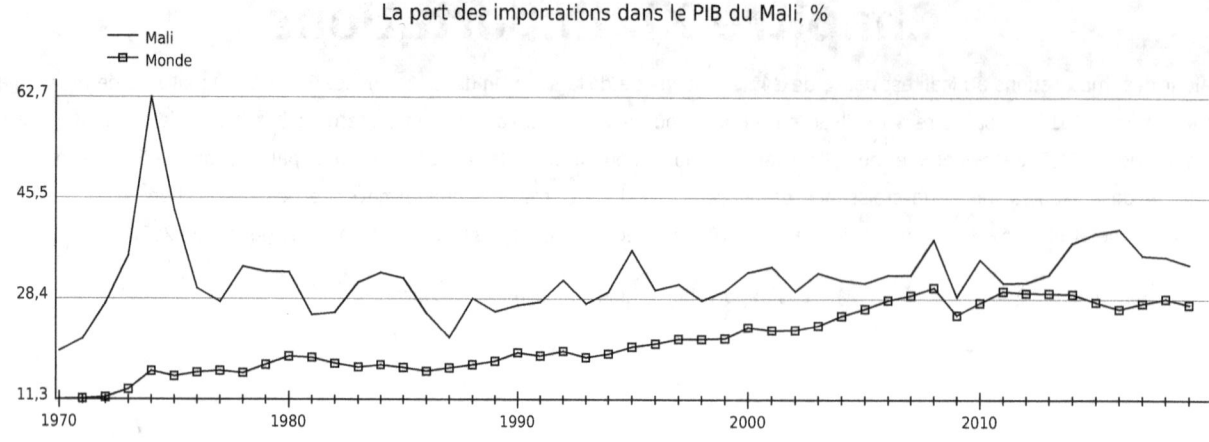

La part des importations dans le PIB du Mali, %

Les années 1970

La valeur des importations au Mali était de 241,2 millions de dollars par an dans les années 1970, se situant au 130ème rang mondial à égalité avec la Gambie (244,2 millions de dollars), le Burkina Faso (244,5 millions de dollars), le Brunei (237,3 millions de dollars). La part dans le monde était de 0,024% et de 0,41% en Afrique.

La part des importations dans le PIB du Mali était de 33,8% dans les années 1970, au 93ème rang mondial, à égalité avec le Guyana (33,7%).

Les importations par habitant au Mali étaient de 37.5 dollars dans les années 1970, se situant au 169ème rang mondial. Les importations par habitant au Mali étaient 6,5 fois inférieures les importations par habitant au Monde (244,3 US$), et 3,8 fois inférieures les importations par habitant en Afrique (142,6 US$).

La croissance des importations au Mali était de 11.3% dans les années 1970, se classant au 26ème rang mondial, à égalité avec le Gabon (11,4%), l'Équateur (11,4%). La croissance des importations au Mali (11,3%) a été supérieure à celle du monde (6,3%), et supérieure à celle de l'Afrique (6,7%).

Comparaison avec les voisins. La valeur des importations au Mali était inférieure à celle de l'Algérie (5,6 milliards de dollars), de la Côte d'Ivoire (1,7 milliards de dollars), du Sénégal (520,6 millions de dollars), du Niger (290,8 millions de dollars), de la Mauritanie (290,6 millions de dollars), de la Guinée (276,3 millions de dollars) et du Burkina Faso (244,5 millions de dollars). Les importations par habitant au Mali étaient inférieures à celles de l'Algérie (338,3 de dollars), de la Côte d'Ivoire (262,0 de dollars), de la Mauritanie (221,0 de dollars), du Sénégal (107,2 de dollars), de la Guinée (61,9 de dollars), du Niger (56,6 de dollars) et du Burkina Faso (39,9 de dollars). La croissance des importations au Mali était supérieure à celle du Burkina Faso (11,0%), de l'Algérie (10,6%), de la Mauritanie (9,1%), du Niger (6,2%), de la Côte d'Ivoire (6,0%), du Sénégal (4,1%) et de la Guinée (3,0%).

Comparaison avec les leaders. Les importations du Mali étaient inférieures à celles des États-Unis (133,2 milliards de dollars), de l'Allemagne (92,5 milliards de dollars), de la France (63,3 milliards de dollars), du Royaume-Uni (62,4 milliards de dollars) et du Japon (61,0 milliards de dollars). Les importations par habitant au Mali étaient inférieures à celles de la France (1 181,1 de dollars), de l'Allemagne (1 175,1 de dollars), du Royaume-Uni (1 113,2 de dollars), des États-Unis (610,4 de dollars) et du Japon (547,6 de dollars). La croissance des importations au Mali était supérieure à celle de la France (7,2%), du Japon (7,0%), de l'Allemagne (5,6%), des États-Unis (5,1%) et du Royaume-Uni (4,5%).

Les années 1980

Les importations du Mali étaient de 461,7 millions de dollars par an dans les années 1980, se situant au 134ème rang mondial à égalité avec la Nouvelle-Calédonie (464,6 millions de dollars), l'Albanie (452,4 millions de dollars), l'Afghanistan (471,3 millions de dollars). La part dans le monde était de 0,018% et de 0,41% en Afrique.

La part des importations dans le PIB du Mali était de 27,8% dans les années 1980, se classant au 115ème rang mondial, à égalité avec l'Europe du Nord (27,9%), la Syrie (27,6%), le Guatemala (28,0%).

Les importations par habitant au Mali étaient de 59.8 dollars dans les années 1980, se classant au 164ème rang mondial, à égalité avec le Malawi (58,3 de dollars). Les importations par habitant au Mali étaient 9,0 fois inférieures les importations par habitant au Monde (539,1 US$), et 3,5 fois inférieures les importations par habitant en Afrique (208,0 US$).

Chapitre XI. Importations

La croissance des importations au Mali était de -1.7% dans les années 1980, se classant au 160ème rang mondial. La croissance des importations au Mali (-1,7%) a été inférieure à celle du monde (3,8%), et supérieure à celle de l'Afrique (-3,1%).

Comparaison avec les voisins. Les importations du Mali étaient inférieures à celles de l'Algérie (12,5 milliards de dollars), de la Côte d'Ivoire (3,0 milliards de dollars), du Sénégal (1,1 milliards de dollars), de la Mauritanie (652,9 millions de dollars), de la Guinée (649,8 millions de dollars), du Burkina Faso (625,3 millions de dollars) et du Niger (598,5 millions de dollars). Les importations par habitant au Mali étaient inférieures à celles de l'Algérie (565,6 de dollars), de la Mauritanie (371,5 de dollars), de la Côte d'Ivoire (304,9 de dollars), du Sénégal (176,0 de dollars), de la Guinée (119,3 de dollars), du Niger (87,5 de dollars) et du Burkina Faso (81,7 de dollars). La croissance des importations au Mali était supérieure à celle de la Côte d'Ivoire (-2,5%); mais inférieure à celle de la Guinée (3,5%), du Sénégal (1,7%), de la Mauritanie (1,2%), du Niger (0,70%), du Burkina Faso (0,39%) et de l'Algérie (-0,90%).

Comparaison avec les leaders. La valeur des importations au Mali était inférieure à celle des États-Unis (417,2 milliards de dollars), de l'Allemagne (225,6 milliards de dollars), du Japon (175,9 milliards de dollars), de la France (162,0 milliards de dollars) et du Royaume-Uni (157,7 milliards de dollars). Les importations par habitant au Mali étaient inférieures à celles de l'Allemagne (2 891,9 de dollars), de la France (2 867,2 de dollars), du Royaume-Uni (2 793,0 de dollars), des États-Unis (1 742,4 de dollars) et du Japon (1 450,4 de dollars). La croissance des importations au Mali était inférieure à celle des États-Unis (5,8%), du Royaume-Uni (5,1%), du Japon (4,6%), de la France (4,3%) et de l'Allemagne (3,3%).

Les années 1990

La valeur des importations au Mali était de 888,7 millions de dollars par an dans les années 1990, au 149ème rang mondial à égalité avec le Kirghizistan (878,7 millions de dollars). La part dans le monde était de 0,015% et de 0,59% en Afrique.

La part des importations dans le PIB du Mali était de 29,9% dans les années 1990, se classant au 138ème rang mondial, à égalité avec l'Asie de l'Ouest (30,0%), la Suède (30,0%), la Côte d'Ivoire (29,8%).

Les importations par habitant au Mali étaient de 93.7 dollars dans les années 1990, se situant au 185ème rang mondial, à égalité avec la Chine (94,0 de dollars), le Cambodge (94,0 de dollars), le Mozambique (95,1 de dollars). Les importations par habitant au Mali étaient 10,8 fois inférieures les importations par habitant au Monde (1 015,5 US$), et 2,3 fois inférieures les importations par habitant en Afrique (211,4 US$).

La croissance des importations au Mali était de 12.5% dans les années 1990, se situant au 15ème rang mondial. La croissance des importations au Mali (12,5%) a été supérieure à celle du monde (6,6%), et supérieure à celle de l'Afrique (3,8%).

Comparaison avec les voisins. La valeur des importations au Mali était supérieure à celle du Burkina Faso (812,8 millions de dollars), de la Mauritanie (636,1 millions de dollars) et du Niger (521,6 millions de dollars); mais inférieure à celle de l'Algérie (11,8 milliards de dollars), de la Côte d'Ivoire (3,4 milliards de dollars), du Sénégal (1,5 milliards de dollars) et de la Guinée (1,1 milliards de dollars). Les importations par habitant au Mali étaient supérieures à celles du Burkina Faso (81,3 de dollars) et du Niger (55,6 de dollars); mais inférieures à celles de l'Algérie (415,3 de dollars), de la Mauritanie (277,8 de dollars), de la Côte d'Ivoire (245,9 de dollars), du Sénégal (179,2 de dollars) et de la Guinée (146,9 de dollars). La croissance des importations au Mali était supérieure à celle de la Côte d'Ivoire (5,7%), du Sénégal (3,4%), de la Guinée (2,9%), de la Mauritanie (2,2%), du Niger (2,1%), du Burkina Faso (1,6%) et de l'Algérie (-2,7%).

Comparaison avec les leaders. Les importations du Mali étaient inférieures à celles des États-Unis (874,1 milliards de dollars), de l'Allemagne (501,6 milliards de dollars), du Japon (355,9 milliards de dollars), du Royaume-Uni (330,2 milliards de dollars) et de la France (308,5 milliards de dollars). Les importations par habitant au Mali étaient inférieures à celles de l'Allemagne (6 220,3 de dollars), du Royaume-Uni (5 705,3 de dollars), de la France (5 194,4 de dollars), des États-Unis (3 305,6 de dollars) et du Japon (2 822,9 de dollars). La croissance des importations au Mali était supérieure à celle des États-Unis (8,3%), de l'Allemagne (6,4%), de la France (5,1%), du Royaume-Uni (5,1%) et du Japon (3,3%).

Les années 2000

Les importations du Mali étaient de 2,0 milliards de dollars par an dans les années 2000, se situant au 141ème rang mondial à égalité avec la Polynésie française (2,0 milliards de dollars). La part dans le monde était de 0,016% et de 0,60% en Afrique.

La structure des importations: produits primaires (7,7%), articles manufacturés provenant de ressources naturelles (38,6%), articles manufacturés à faible technologie (13,1%), articles manufacturés de technologie moyenne (27,8%), articles manufacturés à haute technologie (11,4%).

Le Mali a importé des marchandises en provenance le Sénégal (16,7%), la France (16,4%), la Côte d'Ivoire (14,1%), la Chine (5,2%), le Bénin (4,8%) et d'autres pays (42,8%).

La part des importations dans le PIB du Mali était de 32,6% dans les années 2000, se situant au 147ème rang mondial, à égalité avec la Gambie (32,6%), l'Est (32,8%).

Les importations par habitant au Mali étaient de 158.9 dollars dans les années 2000, se situant au 189ème rang mondial, à égalité avec le Mozambique (158,8 de dollars). Les importations par habitant au Mali étaient 12,0 fois inférieures les importations par habitant au Monde (1 899,9 US$), et 2,3 fois inférieures les importations par habitant en Afrique (369,3 US$).

La croissance des importations au Mali était de 10.9% dans les années 2000, se situant au 27ème rang mondial, à égalité avec l'Est (10,8%), le Guyana (11,0%). La croissance des importations au Mali (10,9%) a été supérieure à celle du monde (5,1%), et supérieure à celle de l'Afrique (7,6%).

Comparaison avec les voisins. Les importations du Mali étaient supérieures à celles de la Guinée (1,8 milliards de dollars), du Burkina Faso (1,4 milliards de dollars), de la Mauritanie (1,4 milliards de dollars) et du Niger (1,1 milliards de dollars); mais inférieures à celles de l'Algérie (25,9 milliards de dollars), de la Côte d'Ivoire (6,6 milliards de dollars) et du Sénégal (3,7 milliards de dollars). Les importations par habitant au Mali étaient supérieures à celles du Burkina Faso (108,2 de dollars) et du Niger (80,6 de dollars); mais inférieures à celles de l'Algérie (783,0 de dollars), de la Mauritanie (467,8 de dollars), de la Côte d'Ivoire (361,7 de dollars), du Sénégal (336,9 de dollars) et de la Guinée (203,2 de dollars). La croissance des importations au Mali était supérieure à celle de l'Algérie (10,3%), du Niger (9,5%), de la Guinée (5,9%), du Burkina Faso (5,2%), du Sénégal (4,1%) et de la Côte d'Ivoire (2,9%); mais inférieure à celle de la Mauritanie (11,5%).

Comparaison avec les leaders. La valeur des importations au Mali était inférieure à celle des États-Unis (1,9 billions de dollars), de l'Allemagne (914,7 milliards de dollars), du Royaume-Uni (641,8 milliards de dollars), de la Chine (641,1 milliards de dollars) et du Japon (566,4 milliards de dollars). Les importations par habitant au Mali étaient inférieures à celles de l'Allemagne (11 237,8 de dollars), du Royaume-Uni (10 620,4 de dollars), des États-Unis (6 400,9 de dollars), du Japon (4 418,9 de dollars) et de la Chine (483,3 de dollars). La croissance des importations au Mali était supérieure à celle de l'Allemagne (3,7%), du Royaume-Uni (3,1%), des États-Unis (2,8%) et du Japon (1,8%); mais inférieure à celle de la Chine (15,1%).

Les années 2010

La valeur des importations au Mali était de 5,0 milliards de dollars par an dans les années 2010, se situant au 138ème rang mondial. La part dans le monde était de 0,023% et de 0,72% en Afrique.

La structure des importations: produits primaires (8,4%), articles manufacturés provenant de ressources naturelles (37,2%), articles manufacturés à faible technologie (12,2%), articles manufacturés de technologie moyenne (28,7%), articles manufacturés à haute technologie (12,4%).

Le Mali a importé des marchandises en provenance le Sénégal (17,3%), la France (11,9%), la Côte d'Ivoire (11,4%), la Chine (8,9%), l'Allemagne (3,7%) et d'autres pays (46,8%).

La part des importations dans le PIB du Mali était de 35,4% dans les années 2010, se situant au 137ème rang mondial, à égalité avec l'Afghanistan (35,7%), le Mexique (35,8%).

Les importations par habitant au Mali étaient de 289.1 dollars dans les années 2010, se classant au 189ème rang mondial, à égalité avec le Bangladesh (292,7 de dollars), l'Est (282,9 de dollars). Les importations par habitant au Mali étaient 10,4 fois inférieures les importations par habitant au Monde (3 015,6 US$), et 2,0 fois inférieures les importations par habitant en Afrique (592,1 US$).

La croissance des importations au Mali était de 8.4% dans les années 2010, se classant au 26ème rang mondial, à égalité avec l'Azerbaïdjan (8,4%). La croissance des importations au Mali (8,4%) a été supérieure à celle du monde (4,4%), et supérieure à celle de l'Afrique (2,0%).

Comparaison avec les voisins. Les importations du Mali étaient 3,3% supérieures à celles de la Guinée (4,8 milliards de dollars), 15,4% supérieures à celles du Burkina Faso (4,3 milliards de dollars), 51,8% supérieures à celles de la Mauritanie (3,3 milliards de dollars) et 65,4% supérieures à celles du Niger (3,0 milliards de dollars); mais 11,6 fois inférieures à celles de l'Algérie (57,8 milliards de dollars), 2,4 fois inférieures à celles de la Côte d'Ivoire (11,9 milliards de dollars) et 29,7% inférieures à celles du Sénégal (7,1 milliards de

Chapitre XI. Importations

dollars). Les importations par habitant au Mali étaient 19,6% supérieures à celles du Burkina Faso (241,6 de dollars) et 89,1% supérieures à celles du Niger (152,9 de dollars); mais 5,1 fois inférieures à celles de l'Algérie (1 467,8 de dollars), 2,8 fois inférieures à celles de la Mauritanie (822,4 de dollars), 44,0% inférieures à celles de la Côte d'Ivoire (516,0 de dollars), 41,2% inférieures à celles du Sénégal (491,8 de dollars) et 31,9% inférieures à celles de la Guinée (424,7 de dollars). La croissance des importations au Mali était supérieure à celle du Sénégal (7,2%), de la Côte d'Ivoire (4,7%), du Niger (4,0%), de la Mauritanie (3,5%) et de l'Algérie (1,5%); mais inférieure à celle du Burkina Faso (11,8%) et de la Guinée (10,3%).

Comparaison avec les leaders. La valeur des importations au Mali était 564,7 fois inférieure à celle des États-Unis (2,8 billions de dollars), 414,7 fois inférieure à celle de la Chine (2,1 billions de dollars), 291,6 fois inférieure à celle de l'Allemagne (1,5 billions de dollars), 176,0 fois inférieure à celle du Japon (877,9 milliards de dollars) et 171,3 fois inférieure à celle du Royaume-Uni (854,8 milliards de dollars). Les importations par habitant au Mali étaient 61,5 fois inférieures à celles de l'Allemagne (17 771,2 de dollars), 45,1 fois inférieures à celles du Royaume-Uni (13 030,6 de dollars), 30,5 fois inférieures à celles des États-Unis (8 817,8 de dollars), 23,7 fois inférieures à celles du Japon (6 862,7 de dollars) et 5,1 fois inférieures à celles de la Chine (1 475,4 de dollars). La croissance des importations au Mali était supérieure à celle de la Chine (8,2%), de l'Allemagne (4,8%), des États-Unis (4,4%), du Japon (3,8%) et du Royaume-Uni (3,6%).

Partie IV. Consommation

Chapitre XII. Dépenses publiques

Dépenses de consommation des administrations publiques

Les dépenses publiques du Mali sont passés de 41,6 millions de dollars par an dans les années 1970 à 2,3 milliards de dollars par an dans les années 2010, c'est-à-dire 2,3 milliards de dollars ou de 55,1 fois. La variation a été de 605,5 millions de dollars en raison de l'augmentation de 1,4 fois des prix, et de 1,6 milliards de dollars en raison de la croissance du taux par habitant de 15,1 fois, et de 69,9 millions de dollars en raison de la croissance démographique. La croissance annuelle moyenne des dépenses publiques était de 6,9%. La valeur minimale était de 19,4 millions de dollars en 1972. La valeur maximale était de 2,7 milliards de dollars en 2019.

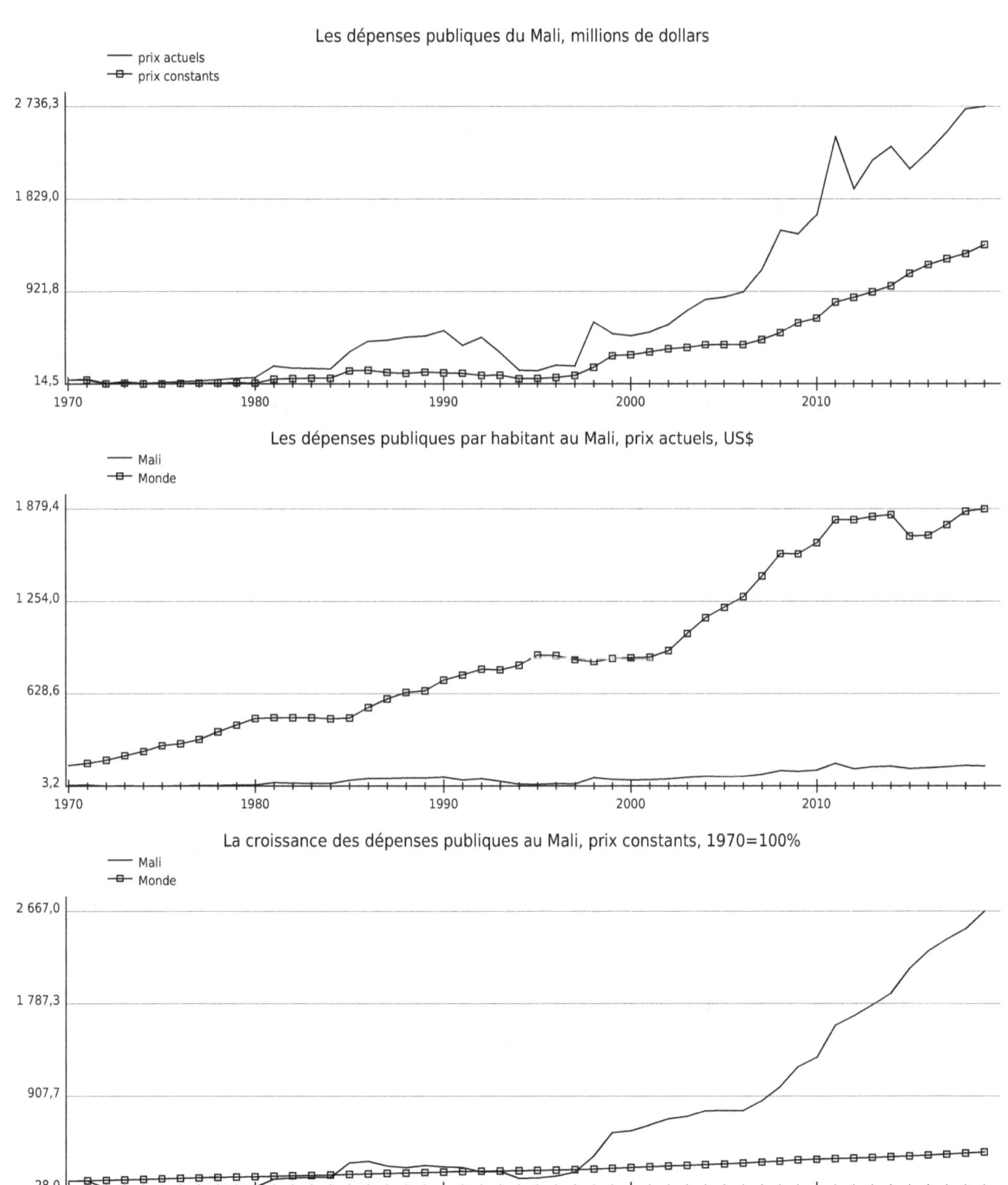

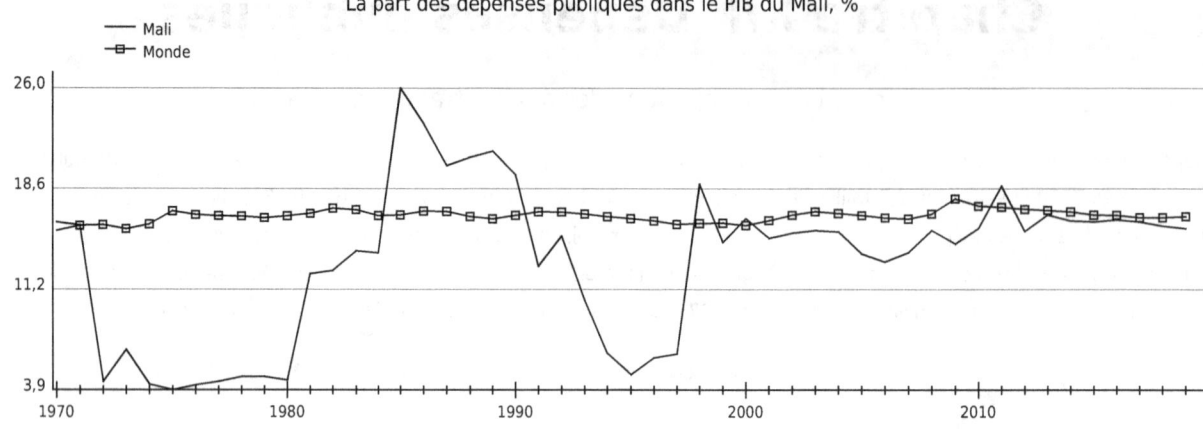

Les années 1970

Les dépense de consommation publique du Mali étaient de 41,6 millions de dollars par an dans les années 1970, se classant au 146ème rang mondial. La part dans le monde était de 0,0039% et de 0,13% en Afrique.

La part des dépenses publiques dans le PIB du Mali était de 5,8% dans les années 1970, se situant au 177ème rang mondial, à égalité avec Macao (5,9%).

Les dépenses publiques par habitant au Mali étaient de 6.5 dollars dans les années 1970, se situant au 180ème rang mondial. Les dépense publique par habitant au Mali étaient 41,0 fois inférieures les dépenses publiques par habitant au Monde (265,2 US$), et 11,9 fois inférieures les dépense publique par habitant en Afrique (77,1 US$).

La croissance des dépenses publiques au Mali était de -8.2% dans les années 1970, se classant au 183ème rang mondial. La croissance des dépenses publiques au Mali (-8,2%) a été inférieure à celle du monde (3,7%), et inférieure à celle de l'Afrique (4,9%).

Comparaison avec les voisins. Les dépense publique du Mali étaient inférieures à celles de l'Algérie (2,0 milliards de dollars), de la Côte d'Ivoire (688,5 millions de dollars), du Sénégal (351,7 millions de dollars), de la Mauritanie (266,9 millions de dollars), du Niger (185,9 millions de dollars), du Burkina Faso (163,9 millions de dollars) et de la Guinée (127,8 millions de dollars). Les dépenses publiques par habitant au Mali étaient inférieures à celles de la Mauritanie (202,9 de dollars), de l'Algérie (123,3 de dollars), de la Côte d'Ivoire (109,0 de dollars), du Sénégal (72,4 de dollars), du Niger (36,2 de dollars), de la Guinée (28,6 de dollars) et du Burkina Faso (26,8 de dollars). La croissance des dépenses publiques au Mali était inférieure à celle de l'Algérie (11,1%), de la Mauritanie (10,4%), du Burkina Faso (10,2%), de la Côte d'Ivoire (9,3%), du Sénégal (4,8%), de la Guinée (3,0%) et du Niger (2,3%).

Comparaison avec les leaders. Les dépenses publiques du Mali étaient inférieures à celles des États-Unis (285,9 milliards de dollars), de l'URSS (117,3 milliards de dollars), de l'Allemagne (95,6 milliards de dollars), du Japon (78,0 milliards de dollars) et de la France (64,5 milliards de dollars). Les dépense de consommation publique par habitant au Mali étaient inférieures à celles des États-Unis (1 310,2 de dollars), de l'Allemagne (1 213,7 de dollars), de la France (1 202,3 de dollars), du Japon (700,2 de dollars) et de l'URSS (465,0 de dollars). La croissance des dépenses publiques au Mali était inférieure à celle de l'URSS (7,2%), du Japon (5,3%), de la France (5,0%), de l'Allemagne (4,4%) et des États-Unis (0,94%).

Les années 1980

Les dépenses publiques du Mali étaient de 291,1 millions de dollars par an dans les années 1980, au 117ème rang mondial à égalité avec la Guinée (288,0 millions de dollars), le Viêt Nam (286,0 millions de dollars). La part dans le monde était de 0,012% et de 0,42% en Afrique.

La part des dépenses publiques dans le PIB du Mali était de 17,5% dans les années 1980, se classant au 88ème rang mondial, à égalité avec l'Afrique australe (17,5%), la Grèce (17,6%), l'Eswatini (17,4%).

Les dépenses publiques par habitant au Mali étaient de 37.7 dollars dans les années 1980, au 167ème rang mondial, à égalité avec le Nigeria (37,5 de dollars), le Malawi (37,0 de dollars). Les dépense de consommation publique par habitant au Mali étaient 13,9 fois inférieures les dépense de consommation publique par habitant au Monde (523,5 US$), et 3,4 fois inférieures les dépense publique par habitant en Afrique (128,3 US$).

La croissance des dépenses publiques au Mali était de 18.2% dans les années 1980, se situant au 1er rang mondial. La croissance des

Chapitre XII. Dépenses publiques

dépenses publiques au Mali (18,2%) a été supérieure à celle du monde (2,7%), et supérieure à celle de l'Afrique (1,8%).

Comparaison avec les voisins. Les dépenses publiques du Mali étaient supérieures à celles de la Guinée (288,0 millions de dollars); mais inférieures à celles de l'Algérie (8,6 milliards de dollars), de la Côte d'Ivoire (1,5 milliards de dollars), du Sénégal (815,5 millions de dollars), du Niger (507,9 millions de dollars), du Burkina Faso (446,2 millions de dollars) et de la Mauritanie (393,2 millions de dollars). Les dépense publique par habitant au Mali étaient inférieures à celles de l'Algérie (390,6 de dollars), de la Mauritanie (223,8 de dollars), de la Côte d'Ivoire (151,6 de dollars), du Sénégal (127,4 de dollars), du Niger (74,2 de dollars), du Burkina Faso (58,3 de dollars) et de la Guinée (52,9 de dollars). La croissance des dépenses publiques au Mali était supérieure à celle du Sénégal (3,1%), de la Guinée (2,7%), du Burkina Faso (2,4%), de l'Algérie (0,74%), de la Côte d'Ivoire (-0,75%), du Niger (-2,9%) et de la Mauritanie (-3,6%).

Comparaison avec les leaders. Les dépense publique du Mali étaient inférieures à celles des États-Unis (665,3 milliards de dollars), du Japon (257,4 milliards de dollars), de l'Allemagne (203,7 milliards de dollars), de l'URSS (181,1 milliards de dollars) et de la France (159,8 milliards de dollars). Les dépense de consommation publique par habitant au Mali étaient inférieures à celles de la France (2 826,9 de dollars), des États-Unis (2 778,2 de dollars), de l'Allemagne (2 611,1 de dollars), du Japon (2 122,5 de dollars) et de l'URSS (658,0 de dollars). La croissance des dépenses publiques au Mali était supérieure à celle de l'URSS (5,4%), du Japon (3,5%), de la France (2,8%), des États-Unis (2,6%) et de l'Allemagne (0,98%).

Les années 1990

Les dépense de consommation publique du Mali étaient de 351,2 millions de dollars par an dans les années 1990, se classant au 143ème rang mondial à égalité avec le Rwanda (351,7 millions de dollars). La part dans le monde était de 0,0075% et de 0,39% en Afrique.

La part des dépenses publiques dans le PIB du Mali était de 11,8% dans les années 1990, se classant au 150ème rang mondial, à égalité avec la Suisse (11,8%), la Malaisie (11,8%), le Liechtenstein (11,8%).

Les dépenses publiques par habitant au Mali étaient de 37 dollars dans les années 1990, se situant au 188ème rang mondial, à égalité avec le Malawi (37,2 de dollars), l'Ouganda (36,7 de dollars). Les dépense de consommation publique par habitant au Mali étaient 22,3 fois inférieures les dépense de consommation publique par habitant au Monde (824,8 US$), et 3,4 fois inférieures les dépenses publiques par habitant en Afrique (126,1 US$).

La croissance des dépenses publiques au Mali était de 8.5% dans les années 1990, au 12ème rang mondial. La croissance des dépenses publiques au Mali (8,5%) a été supérieure à celle du monde (2,0%), et supérieure à celle de l'Afrique (1,6%).

Comparaison avec les voisins. Les dépenses publiques du Mali étaient inférieures à celles de l'Algérie (8,2 milliards de dollars), de la Côte d'Ivoire (2,0 milliards de dollars), du Sénégal (934,3 millions de dollars), du Burkina Faso (594,1 millions de dollars), du Niger (554,7 millions de dollars), de la Mauritanie (468,6 millions de dollars) et de la Guinée (460,0 millions de dollars). Les dépense de consommation publique par habitant au Mali étaient inférieures à celles de l'Algérie (288,1 de dollars), de la Mauritanie (204,7 de dollars), de la Côte d'Ivoire (145,8 de dollars), du Sénégal (109,1 de dollars), de la Guinée (64,0 de dollars), du Burkina Faso (59,5 de dollars) et du Niger (59,1 de dollars). La croissance des dépenses publiques au Mali était supérieure à celle de la Guinée (5,1%), de l'Algérie (3,9%), de la Mauritanie (3,5%), du Burkina Faso (1,9%), du Sénégal (0,36%), de la Côte d'Ivoire (-0,75%) et du Niger (-1,5%).

Comparaison avec les leaders. Les dépenses publiques du Mali étaient inférieures à celles des États-Unis (1,1 billions de dollars), du Japon (651,8 milliards de dollars), de l'Allemagne (419,6 milliards de dollars), de la France (325,4 milliards de dollars) et du Royaume-Uni (234,6 milliards de dollars). Les dépense publique par habitant au Mali étaient inférieures à celles de la France (5 479,6 de dollars), de l'Allemagne (5 203,8 de dollars), du Japon (5 169,1 de dollars), des États-Unis (4 287,3 de dollars) et du Royaume-Uni (4 053,6 de dollars). La croissance des dépenses publiques au Mali était supérieure à celle du Japon (3,0%), de l'Allemagne (2,4%), du Royaume-Uni (2,1%), de la France (1,8%) et des États-Unis (1,3%).

Les années 2000

Les dépenses publiques du Mali étaient de 909,3 millions de dollars par an dans les années 2000, au 132ème rang mondial à égalité avec la république démocratique du Congo (922,3 millions de dollars), le Nicaragua (932,5 millions de dollars). La part dans le monde était de 0,012% et de 0,61% en Afrique.

La part des dépenses publiques dans le PIB du Mali était de 14,7% dans les années 2000, se situant au 112ème rang mondial, à égalité avec Sao Tomé-et-Principe (14,7%), le Burkina Faso (14,8%), la Jamaïque (14,7%).

Les dépenses publiques par habitant au Mali étaient de 71.9 dollars dans les années 2000, au 178ème rang mondial. Les dépense publique par habitant au Mali étaient 16,7 fois inférieures les dépenses publiques par habitant au Monde (1 200,9 US$), et 2,3 fois inférieures les dépense de consommation publique par habitant en Afrique (164,8 US$).

La croissance des dépenses publiques au Mali était de 7.8% dans les années 2000, se classant au 32ème rang mondial, à égalité avec la république démocratique du Congo (7,7%), le Guyana (7,7%), le Pakistan (7,8%). La croissance des dépenses publiques au Mali (7,8%) a été supérieure à celle du monde (3,1%), et supérieure à celle de l'Afrique (5,0%).

Comparaison avec les voisins. Les dépenses publiques du Mali étaient supérieures à celles du Burkina Faso (874,7 millions de dollars), du Niger (769,0 millions de dollars), de la Mauritanie (516,9 millions de dollars) et de la Guinée (373,4 millions de dollars); mais inférieures à celles de l'Algérie (13,2 milliards de dollars), de la Côte d'Ivoire (2,3 milliards de dollars) et du Sénégal (1,3 milliards de dollars). Les dépense publique par habitant au Mali étaient supérieures à celles du Burkina Faso (65,8 de dollars), du Niger (57,1 de dollars) et de la Guinée (41,2 de dollars); mais inférieures à celles de l'Algérie (398,2 de dollars), de la Mauritanie (172,7 de dollars), de la Côte d'Ivoire (128,0 de dollars) et du Sénégal (120,4 de dollars). La croissance des dépenses publiques au Mali était supérieure à celle de l'Algérie (4,3%), du Sénégal (3,2%), du Niger (2,9%), de la Mauritanie (2,1%) et de la Côte d'Ivoire (0,90%); mais inférieure à celle de la Guinée (13,3%) et du Burkina Faso (7,8%).

Comparaison avec les leaders. Les dépenses publiques du Mali étaient inférieures à celles des États-Unis (1,9 billions de dollars), du Japon (844,2 milliards de dollars), de l'Allemagne (520,1 milliards de dollars), de la France (479,9 milliards de dollars) et du Royaume-Uni (453,4 milliards de dollars). Les dépense publique par habitant au Mali étaient inférieures à celles de la France (7 640,9 de dollars), du Royaume-Uni (7 501,5 de dollars), du Japon (6 586,4 de dollars), des États-Unis (6 545,9 de dollars) et de l'Allemagne (6 389,7 de dollars). La croissance des dépenses publiques au Mali était supérieure à celle du Royaume-Uni (2,9%), des États-Unis (2,2%), du Japon (1,7%), de la France (1,7%) et de l'Allemagne (1,4%).

Les années 2010

Les dépense de consommation publique du Mali étaient de 2,3 milliards de dollars par an dans les années 2010, se classant au 124ème rang mondial à égalité avec la Nouvelle-Calédonie (2,3 milliards de dollars), la Polynésie (2,3 milliards de dollars), la Géorgie (2,2 milliards de dollars). La part dans le monde était de 0,018% et de 0,70% en Afrique.

La part des dépenses publiques dans le PIB du Mali était de 16,3% dans les années 2010, au 105ème rang mondial, à égalité avec la Guinée (16,4%), l'Angola (16,2%), d'Anguilla (16,2%).

Les dépense de consommation publique par habitant au Mali étaient de 132.9 dollars dans les années 2010, au 180ème rang mondial, à égalité avec les Comores (133,8 de dollars). Les dépenses publiques par habitant au Mali étaient 13,4 fois inférieures les dépenses publiques par habitant au Monde (1 785,1 US$), et 2,1 fois inférieures les dépense publique par habitant en Afrique (281,0 US$).

La croissance des dépenses publiques au Mali était de 8.5% dans les années 2010, se classant au 13ème rang mondial, à égalité avec la Zambie (8,4%). La croissance des dépenses publiques au Mali (8,5%) a été supérieure à celle du monde (2,3%), et supérieure à celle de l'Afrique (3,0%).

Comparaison avec les voisins. Les dépenses publiques du Mali étaient 7,3% supérieures à celles du Burkina Faso (2,1 milliards de dollars), 45,3% supérieures à celles du Niger (1,6 milliards de dollars), 56,6% supérieures à celles de la Guinée (1,5 milliards de dollars) et 2,7 fois supérieures à celles de la Mauritanie (856,5 millions de dollars); mais 15,5 fois inférieures à celles de l'Algérie (35,5 milliards de dollars), 49,6% inférieures à celles de la Côte d'Ivoire (4,6 milliards de dollars) et 16,5% inférieures à celles du Sénégal (2,7 milliards de dollars). Les dépenses publiques par habitant au Mali étaient 3,2% supérieures à celles de la Guinée (128,8 de dollars), 11,3% supérieures à celles du Burkina Faso (119,5 de dollars) et 66,1% supérieures à celles du Niger (80,0 de dollars); mais 6,8 fois inférieures à celles de l'Algérie (899,9 de dollars), 38,0% inférieures à celles de la Mauritanie (214,3 de dollars), 32,8% inférieures à celles de la Côte d'Ivoire (197,8 de dollars) et 30,2% inférieures à celles du Sénégal (190,5 de dollars). La croissance des dépenses publiques au Mali était supérieure à celle du Burkina Faso (8,1%), du Niger (4,4%), du Sénégal (4,4%), de la Mauritanie (3,8%), de l'Algérie (3,1%) et de la Côte d'Ivoire (1,2%); mais inférieure à celle de la Guinée (16,3%).

Comparaison avec les leaders. Les dépense publique du Mali étaient 1 156,8 fois inférieures à celles des États-Unis (2,7 billions de dollars), 732,1 fois inférieures à celles de la Chine (1,7 billions de dollars), 454,7 fois inférieures à celles du Japon (1,0 billions de dollars), 314,6 fois inférieures à celles de l'Allemagne (721,6 milliards de dollars) et 278,1 fois inférieures à celles de la France (637,9 milliards de dollars). Les dépense de consommation publique par habitant au Mali étaient 72,4 fois inférieures à celles de la France (9 617,6 de dollars), 66,3 fois inférieures à celles de l'Allemagne (8 815,0 de dollars), 62,5 fois inférieures à celles des États-Unis (8 304,9 de dollars), 61,3 fois inférieures à celles du Japon (8 152,8 de dollars) et 9,0 fois inférieures à celles de la Chine (1 197,3 de dollars). La croissance des dépenses publiques au Mali était supérieure à celle de la Chine (8,3%), de l'Allemagne (1,9%), du Japon (1,3%), de la France (1,3%) et des États-Unis (0,0052%).

Chapitre XIII. Dépenses ménagères

Dépenses de consommation des ménages

Les dépenses ménagères du Mali sont passés de 639,7 millions de dollars par an dans les années 1970 à 10,6 milliards de dollars par an dans les années 2010, c'est-à-dire 9,9 milliards de dollars ou de 16,5 fois. La variation a été de 1,1 milliards de dollars en raison de l'augmentation de 1,1 fois des prix, et de 7,7 milliards de dollars en raison de la croissance du taux par habitant de 5,5 fois, et de 1,1 milliards de dollars en raison de la croissance démographique. La croissance annuelle moyenne des dépenses ménagères était de 7,2%. La valeur minimale était de 226,8 millions de dollars en 1970. La valeur maximale était de 12,8 milliards de dollars en 2018.

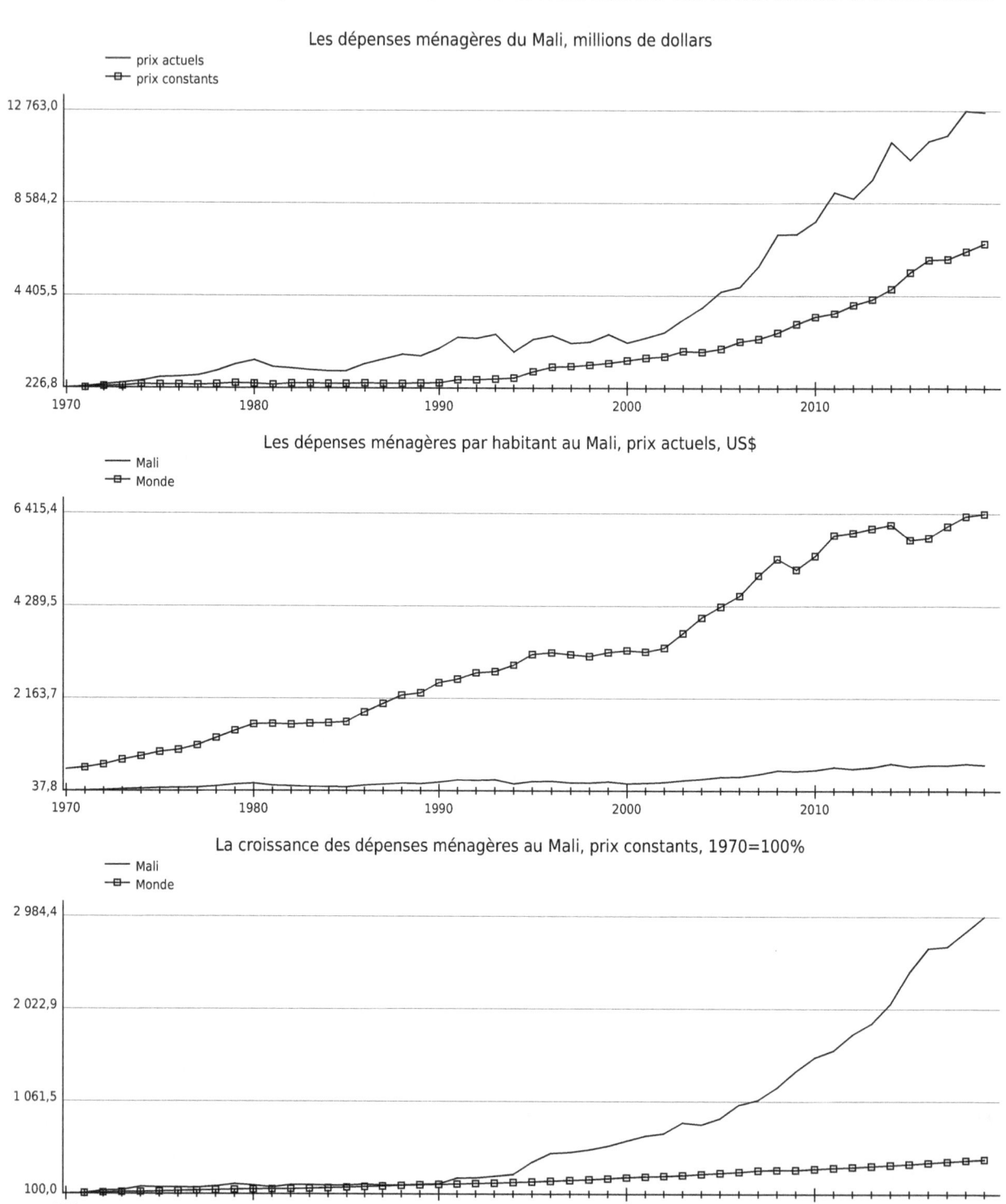

Chapitre XIII. Dépenses ménagères

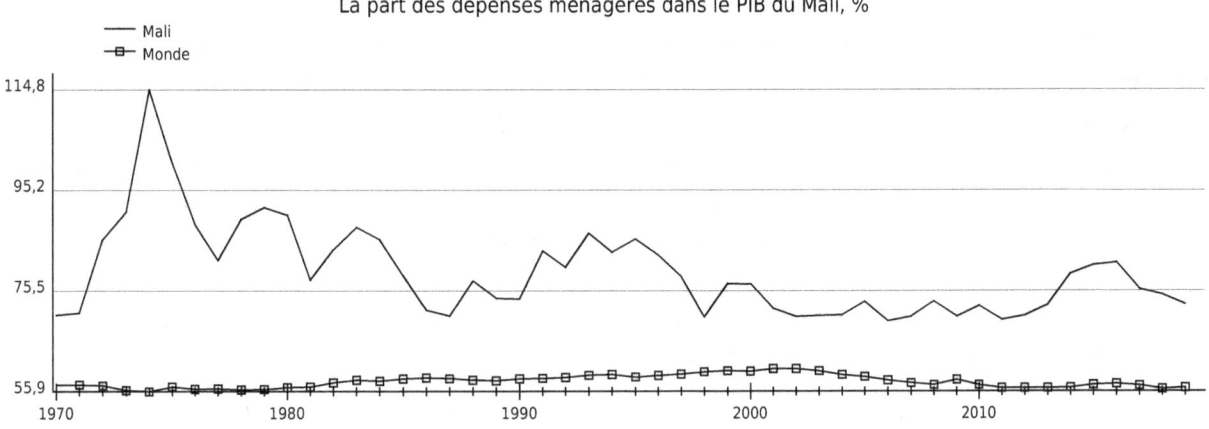

Les années 1970

Les dépenses ménagères du Mali étaient de 639,7 millions de dollars par an dans les années 1970, au 112ème rang mondial à égalité avec la Namibie (648,8 millions de dollars). La part dans le monde était de 0,017% et de 0,58% en Afrique.

La part des dépenses ménagères dans le PIB du Mali était de 89,5% dans les années 1970, au 14ème rang mondial, à égalité avec Saint-Vincent-et-les-Grenadines (89,7%), le Viêt Nam (90,0%), le Laos (90,2%).

Les dépenses ménagères par habitant au Mali étaient de 99.3 dollars dans les années 1970, au 174ème rang mondial, à égalité avec la Somalie (99,4 de dollars), la Birmanie (99,2 de dollars). Les dépenses ménagères par habitant au Mali étaient 9,2 fois inférieures les dépenses ménagères par habitant au Monde (914,8 US$), et 2,7 fois inférieures les dépenses ménagères par habitant en Afrique (271,0 US$).

La croissance des dépenses ménagères au Mali était de 8% dans les années 1970, se classant au 25ème rang mondial, à égalité avec l'Indonésie (8,1%). La croissance des dépenses ménagères au Mali (8,0%) a été supérieure à celle du monde (4,1%), et supérieure à celle de l'Afrique (4,1%).

Comparaison avec les voisins. Les dépenses ménagères du Mali étaient supérieures à celles de la Mauritanie (578,5 millions de dollars); mais inférieures à celles de l'Algérie (7,7 milliards de dollars), de la Côte d'Ivoire (2,5 milliards de dollars), du Sénégal (1,7 milliards de dollars), de la Guinée (1,1 milliards de dollars), du Niger (959,4 millions de dollars) et du Burkina Faso (790,9 millions de dollars). Les dépenses ménagères par habitant au Mali étaient inférieures à celles de l'Algérie (469,7 de dollars), de la Mauritanie (439,8 de dollars), de la Côte d'Ivoire (388,9 de dollars), du Sénégal (360,0 de dollars), de la Guinée (250,8 de dollars), du Niger (186,8 de dollars) et du Burkina Faso (129,1 de dollars). La croissance des dépenses ménagères au Mali était supérieure à celle de la Côte d'Ivoire (6,5%), de la Mauritanie (6,4%), du Burkina Faso (3,7%), du Sénégal (3,2%), de la Guinée (3,0%) et du Niger (0,27%); mais inférieure à celle de l'Algérie (8,5%).

Comparaison avec les leaders. Les dépenses ménagères du Mali étaient inférieures à celles des États-Unis (1,0 billions de dollars), de l'URSS (310,6 milliards de dollars), du Japon (280,9 milliards de dollars), de l'Allemagne (277,8 milliards de dollars) et de la France (180,7 milliards de dollars). Les dépenses ménagères par habitant au Mali étaient inférieures à celles des États-Unis (4 744,5 de dollars), de l'Allemagne (3 527,2 de dollars), de la France (3 371,0 de dollars), du Japon (2 523,0 de dollars) et de l'URSS (1 231,6 de dollars). La croissance des dépenses ménagères au Mali était supérieure à celle du Japon (5,1%), de l'URSS (4,7%), de la France (4,0%), des États-Unis (3,6%) et de l'Allemagne (3,6%).

Les années 1980

Les dépenses ménagères du Mali étaient de 1,3 milliards de dollars par an dans les années 1980, au 119ème rang mondial à égalité avec la Palestine (1,3 milliards de dollars), le Gabon (1,3 milliards de dollars). La part dans le monde était de 0,015% et de 0,48% en Afrique.

La part des dépenses ménagères dans le PIB du Mali était de 78,6% dans les années 1980, se classant au 35ème rang mondial, à égalité avec Madagascar (78,6%), d'Antigua-et-Barbuda (78,6%), l'Éthiopie (78,1%).

Les dépenses ménagères par habitant au Mali étaient de 169.2 dollars dans les années 1980, au 176ème rang mondial. Les dépenses ménagères par habitant au Mali étaient 10,7 fois inférieures les dépenses ménagères par habitant au Monde (1 808,0 US$), et 2,9 fois inférieures les dépenses ménagères par habitant en Afrique (497,8 US$).

La croissance des dépenses ménagères au Mali était de -0% dans les années 1980, se classant au 165ème rang mondial. La croissance des dépenses ménagères au Mali (-0,014%) a été inférieure à celle du monde (3,0%), et inférieure à celle de l'Afrique (2,3%).

Comparaison avec les voisins. Les dépenses ménagères du Mali étaient inférieures à celles de l'Algérie (27,1 milliards de dollars), de la Côte d'Ivoire (5,6 milliards de dollars), du Sénégal (3,7 milliards de dollars), de la Guinée (2,5 milliards de dollars), du Niger (2,0 milliards de dollars), du Burkina Faso (1,7 milliards de dollars) et de la Mauritanie (1,5 milliards de dollars). Les dépenses ménagères par habitant au Mali étaient inférieures à celles de l'Algérie (1 224,8 de dollars), de la Mauritanie (856,4 de dollars), de la Côte d'Ivoire (576,2 de dollars), du Sénégal (571,8 de dollars), de la Guinée (464,4 de dollars), du Niger (297,7 de dollars) et du Burkina Faso (223,6 de dollars). La croissance des dépenses ménagères au Mali était inférieure à celle de l'Algérie (3,3%), de la Guinée (2,3%), du Sénégal (2,0%), du Burkina Faso (1,7%), du Niger (1,5%), de la Mauritanie (1,4%) et de la Côte d'Ivoire (1,3%).

Comparaison avec les leaders. Les dépenses ménagères du Mali étaient inférieures à celles des États-Unis (2,6 billions de dollars), du Japon (945,6 milliards de dollars), de l'Allemagne (575,7 milliards de dollars), de l'URSS (424,6 milliards de dollars) et du Royaume-Uni (416,5 milliards de dollars). Les dépenses ménagères par habitant au Mali étaient inférieures à celles des États-Unis (10 904,4 de dollars), du Japon (7 796,6 de dollars), de l'Allemagne (7 378,3 de dollars), du Royaume-Uni (7 376,3 de dollars) et de l'URSS (1 542,8 de dollars). La croissance des dépenses ménagères au Mali était inférieure à celle du Japon (3,7%), du Royaume-Uni (3,5%), des États-Unis (3,2%), de l'URSS (3,0%) et de l'Allemagne (1,8%).

Les années 1990

Les dépenses ménagères du Mali étaient de 2,4 milliards de dollars par an dans les années 1990, au 129ème rang mondial à égalité avec le Qatar (2,4 milliards de dollars), le Burkina Faso (2,3 milliards de dollars), le Malawi (2,4 milliards de dollars). La part dans le monde était de 0,014% et de 0,63% en Afrique.

La part des dépenses ménagères dans le PIB du Mali était de 79,9% dans les années 1990, se classant au 37ème rang mondial, à égalité avec l'Eswatini (80,1%), la Zambie (79,6%), la république démocratique du Congo (80,4%).

Les dépenses ménagères par habitant au Mali étaient de 250.2 dollars dans les années 1990, se situant au 183ème rang mondial, à égalité avec le Cambodge (248,2 de dollars), l'Inde (245,2 de dollars), le Rwanda (245,1 de dollars). Les dépenses ménagères par habitant au Mali étaient 11,8 fois inférieures les dépenses ménagères par habitant au Monde (2 963,9 US$), et 2,1 fois inférieures les dépenses ménagères par habitant en Afrique (532,7 US$).

La croissance des dépenses ménagères au Mali était de 11.5% dans les années 1990, se situant au 5ème rang mondial. La croissance des dépenses ménagères au Mali (11,5%) a été supérieure à celle du monde (3,0%), et supérieure à celle de l'Afrique (2,6%).

Comparaison avec les voisins. Les dépenses ménagères du Mali étaient supérieures à celles du Burkina Faso (2,3 milliards de dollars), du Niger (2,1 milliards de dollars) et de la Mauritanie (1,7 milliards de dollars); mais inférieures à celles de l'Algérie (25,9 milliards de dollars), de la Côte d'Ivoire (7,6 milliards de dollars), du Sénégal (5,1 milliards de dollars) et de la Guinée (4,3 milliards de dollars). Les dépenses ménagères par habitant au Mali étaient supérieures à celles du Burkina Faso (233,7 de dollars) et du Niger (223,4 de dollars); mais inférieures à celles de l'Algérie (912,5 de dollars), de la Mauritanie (749,6 de dollars), de la Guinée (596,2 de dollars), du Sénégal (595,0 de dollars) et de la Côte d'Ivoire (545,4 de dollars). La croissance des dépenses ménagères au Mali était supérieure à celle du Burkina Faso (5,3%), de la Guinée (5,0%), du Niger (3,9%), du Sénégal (2,5%), de la Mauritanie (2,1%), de la Côte d'Ivoire (1,4%) et de l'Algérie (-0,72%).

Comparaison avec les leaders. Les dépenses ménagères du Mali étaient inférieures à celles des États-Unis (4,9 billions de dollars), du Japon (2,3 billions de dollars), de l'Allemagne (1,2 billions de dollars), du Royaume-Uni (884,5 milliards de dollars) et de la France (783,0 milliards de dollars). Les dépenses ménagères par habitant au Mali étaient inférieures à celles des États-Unis (18 538,8 de dollars), du Japon (18 170,3 de dollars), du Royaume-Uni (15 280,6 de dollars), de l'Allemagne (15 158,9 de dollars) et de la France (13 185,2 de dollars). La croissance des dépenses ménagères au Mali était supérieure à celle des États-Unis (3,4%), du Royaume-Uni (2,8%), de l'Allemagne (2,1%), du Japon (1,8%) et de la France (1,8%).

Les années 2000

Les dépenses ménagères du Mali étaient de 4,4 milliards de dollars par an dans les années 2000, se situant au 128ème rang mondial à égalité avec Maurice (4,5 milliards de dollars), l'Arménie (4,4 milliards de dollars), la Guinée (4,5 milliards de dollars). La part dans le

Chapitre XIII. Dépenses ménagères

monde était de 0,016% et de 0,66% en Afrique.

La part des dépenses ménagères dans le PIB du Mali était de 71,6% dans les années 2000, se situant au 78ème rang mondial, à égalité avec le Ghana (71,8%), le Laos (71,3%), la République dominicaine (72,0%).

Les dépenses ménagères par habitant au Mali étaient de 349.2 dollars dans les années 2000, au 189ème rang mondial, à égalité avec le Bangladesh (353,9 de dollars). Les dépenses ménagères par habitant au Mali étaient 12,1 fois inférieures les dépenses ménagères par habitant au Monde (4 208,2 US$), et 2,1 fois inférieures les dépenses ménagères par habitant en Afrique (735,9 US$).

La croissance des dépenses ménagères au Mali était de 8.7% dans les années 2000, au 15ème rang mondial. La croissance des dépenses ménagères au Mali (8,7%) a été supérieure à celle du monde (3,0%), et supérieure à celle de l'Afrique (6,0%).

Comparaison avec les voisins. Les dépenses ménagères du Mali étaient supérieures à celles du Niger (3,3 milliards de dollars) et de la Mauritanie (2,1 milliards de dollars); mais inférieures à celles de l'Algérie (35,0 milliards de dollars), de la Côte d'Ivoire (11,6 milliards de dollars), du Sénégal (8,3 milliards de dollars), du Burkina Faso (4,8 milliards de dollars) et de la Guinée (4,5 milliards de dollars). Les dépenses ménagères par habitant au Mali étaient supérieures à celles du Niger (247,0 de dollars); mais inférieures à celles de l'Algérie (1 059,4 de dollars), du Sénégal (753,1 de dollars), de la Mauritanie (694,4 de dollars), de la Côte d'Ivoire (636,7 de dollars), de la Guinée (497,0 de dollars) et du Burkina Faso (362,4 de dollars). La croissance des dépenses ménagères au Mali était supérieure à celle de l'Algérie (4,8%), du Sénégal (4,7%), de la Mauritanie (4,0%), du Burkina Faso (3,8%), du Niger (3,6%), de la Côte d'Ivoire (3,1%) et de la Guinée (0,78%).

Comparaison avec les leaders. Les dépenses ménagères du Mali étaient inférieures à celles des États-Unis (8,5 billions de dollars), du Japon (2,6 billions de dollars), de l'Allemagne (1,5 billions de dollars), du Royaume-Uni (1,5 billions de dollars) et de la France (1,1 billions de dollars). Les dépenses ménagères par habitant au Mali étaient inférieures à celles des États-Unis (28 799,1 de dollars), du Royaume-Uni (24 959,3 de dollars), du Japon (20 355,9 de dollars), de l'Allemagne (18 912,2 de dollars) et de la France (18 146,8 de dollars). La croissance des dépenses ménagères au Mali était supérieure à celle des États-Unis (2,4%), du Royaume-Uni (2,1%), de la France (2,0%), du Japon (0,81%) et de l'Allemagne (0,46%).

Les années 2010

Les dépenses ménagères du Mali étaient de 10,6 milliards de dollars par an dans les années 2010, au 119ème rang mondial à égalité avec Macao (10,7 milliards de dollars), l'Albanie (10,3 milliards de dollars). La part dans le monde était de 0,024% et de 0,70% en Afrique.

La part des dépenses ménagères dans le PIB du Mali était de 75,1% dans les années 2010, au 52ème rang mondial, à égalité avec l'Ouganda (75,2%), la Géorgie (74,9%), la Grenade (74,9%).

Les dépenses ménagères par habitant au Mali étaient de 612.4 dollars dans les années 2010, se classant au 188ème rang mondial, à égalité avec la Gambie (608,3 de dollars), le Népal (606,2 de dollars). Les dépenses ménagères par habitant au Mali étaient 9,8 fois inférieures les dépenses ménagères par habitant au Monde (6 018,5 US$), et 2,1 fois inférieures les dépenses ménagères par habitant en Afrique (1 292,9 US$).

La croissance des dépenses ménagères au Mali était de 8.1% dans les années 2010, se classant au 12ème rang mondial, à égalité avec l'Ouzbékistan (8,1%). La croissance des dépenses ménagères au Mali (8,1%) a été supérieure à celle du monde (2,8%), et supérieure à celle de l'Afrique (3,3%).

Comparaison avec les voisins. Les dépenses ménagères du Mali étaient 16,3% supérieures à celles du Burkina Faso (9,1 milliards de dollars), 45,7% supérieures à celles de la Guinée (7,3 milliards de dollars), 47,0% supérieures à celles du Niger (7,2 milliards de dollars) et 2,8 fois supérieures à celles de la Mauritanie (3,8 milliards de dollars); mais 6,5 fois inférieures à celles de l'Algérie (69,2 milliards de dollars), 2,7 fois inférieures à celles de la Côte d'Ivoire (28,9 milliards de dollars) et 25,3% inférieures à celles du Sénégal (14,2 milliards de dollars). Les dépenses ménagères par habitant au Mali étaient 20,6% supérieures à celles du Burkina Faso (507,7 de dollars) et 68,1% supérieures à celles du Niger (364,4 de dollars); mais 2,9 fois inférieures à celles de l'Algérie (1 755,7 de dollars), 2,1 fois inférieures à celles de la Côte d'Ivoire (1 257,0 de dollars), 37,6% inférieures à celles du Sénégal (981,1 de dollars), 35,9% inférieures à celles de la Mauritanie (955,1 de dollars) et 4,0% inférieures à celles de la Guinée (637,6 de dollars). La croissance des dépenses ménagères au Mali était supérieure à celle du Niger (5,7%), du Burkina Faso (4,9%), de l'Algérie (4,0%), de la Guinée (3,8%), du Sénégal (3,6%), de la Mauritanie (3,5%) et de la Côte d'Ivoire (-2,7%).

Comparaison avec les leaders. Les dépenses ménagères du Mali étaient 1 153,7 fois inférieures à celles des États-Unis (12,2 billions de dollars), 371,8 fois inférieures à celles de la Chine (3,9 billions de dollars), 282,7 fois inférieures à celles du Japon (3,0 billions de dollars), 185,3 fois inférieures à celles de l'Allemagne (2,0 billions de dollars) et 168,6 fois inférieures à celles du Royaume-Uni (1,8 billions de dollars). Les dépenses ménagères par habitant au Mali étaient 62,3 fois inférieures à celles des États-Unis (38 161,2 de dollars), 44,4 fois inférieures à celles du Royaume-Uni (27 164,8 de dollars), 39,1 fois inférieures à celles de l'Allemagne (23 925,0 de dollars), 38,1 fois inférieures à celles du Japon (23 352,2 de dollars) et 4,6 fois inférieures à celles de la Chine (2 801,9 de dollars). La croissance des dépenses ménagères au Mali était supérieure à celle des États-Unis (2,4%), du Royaume-Uni (1,8%), de l'Allemagne (1,4%) et du Japon (0,64%); mais inférieure à celle de la Chine (8,3%).

Chapitre XIV. Consommation de nourriture

Au cours de la période de recherche, la consommation alimentaire des produits suivants a augmenté: racines riches (de 4,2 fois), stimulants (de 3,8 fois), légumineuses (de 3,0 fois), sucre (de 2,0 fois), lait (de 84,4%), fruits (de 70,3%), légumes (de 55,5%), céréales (de 54,1%), viande (de 38,4%), œufs (de 30,3%), huiles végétales (de 18,1%), alcool (de 13,6%), mais diminué pour les produits suivants: épices (de 1,1%), poisson (de 50,1%), noix (de 5,5 fois).

Voici les coefficients de corrélation entre le RNB par habitant à prix constants et la consommation alimentaire: lait (0.979), viande (0.961), racines riches (0.911), légumineuses (0.886), fruits (0.855), céréales (0.82), alcool (0.797), stimulants (0.609), légumes (0.576), sucre (0.536), œufs (0.479), huiles végétales (0.376), épices (-0.299), poisson (-0.715), noix (-0.917).

Les années 1970

La consommation de kcal au Mali était de 1 766,7 kcal/jour par habitant dans les années 1970, au 143ème rang mondial à égalité avec le Népal (1 755,8 kcal/jour par habitant), le Cap-Vert (1 779,4 kcal/jour par habitant). La consommation de kcal au Mali était inférieur à celui dans le monde (2 403,2 kcal/jour par habitant), et était inférieur à celui en Afrique (2 120,4 kcal/jour par habitant). La consommation de kcal avait la structure suivante: céréales (66.4%), huiles végétales (8.7%), lait (6.6%), viande (4.1%), sucre (2.9%), et d'autres (11.3%).

La consommation de protéines au Mali était de 52,2 g/jour par habitant dans les années 1970, au 109ème rang mondial à égalité avec l'Asie (52,3 g/jour par habitant), la Bolivie (52,5 g/jour par habitant), Sainte-Lucie (51,7 g/jour par habitant). La consommation de protéines au Mali était inférieur à celui dans le monde (65,0 g/jour par habitant), et était inférieur à celui en Afrique (54,9 g/jour par habitant). La consommation de protéines avait la structure suivante: céréales (55.5%), viande (13.4%), lait (11.2%), poisson (5.9%), légumineuses (5.2%), et d'autres (8.8%).

La consommation de graisse au Mali était de 43,8 g/jour par habitant dans les années 1970, se situant au 98ème rang mondial à égalité avec l'Afrique (43,8 g/jour par habitant), la Colombie (43,8 g/jour par habitant), le Bénin (43,8 g/jour par habitant). La consommation de graisse au Mali était inférieur à celui dans le monde (55,1 g/jour par habitant), et était inférieur à celui en Afrique (43,8 g/jour par habitant). La consommation de graisse avait la structure suivante: huiles végétales (40.2%), céréales (21.6%), lait (15.2%), viande (10.7%), poisson (1.6%), et d'autres (10.7%).

Voici les niveaux de consommation alimentaire dans le classement mondial: 32ème - noix (1,9 kg/habitant/an), 51ème - céréales (140,1 kg/habitant/an), 73ème - poisson (11,6 kg/habitant/an), 74ème - huiles végétales (6,7 kg/habitant/an), 75ème - légumes (37,6 kg/habitant/an), 76ème - épices (0,32 kg/habitant/an), 79ème - légumineuses (4,6 kg/habitant/an), 86ème - lait (56,0 kg/habitant/an), 91ème - viande (17,1 kg/habitant/an), 116ème - alcool (5,9 kg/habitant/an), 125ème - œufs (0,70 kg/habitant/an), 126ème - stimulants (0,20 kg/habitant/an), 132ème - fruits (17,4 kg/habitant/an), 137ème - racines riches (7,6 kg/habitant/an).

Les années 1980

La consommation de kcal au Mali était de 1 989,1 kcal/jour par habitant dans les années 1980, se situant au 134ème rang mondial à égalité avec le Viêt Nam (1 996,1 kcal/jour par habitant), le Soudan (1 997,9 kcal/jour par habitant), l'Est (2 005,1 kcal/jour par habitant). La consommation de kcal au Mali était inférieur à celui dans le monde (2 572,3 kcal/jour par habitant), et était inférieur à celui en Afrique (2 241,9 kcal/jour par habitant). La consommation de kcal avait la structure suivante: céréales (71.2%), huiles végétales (7.5%), lait (5.6%), viande (4%), sucre (2.7%), et d'autres (9%).

La consommation de protéines au Mali était de 57,8 g/jour par habitant dans les années 1980, se situant au 99ème rang mondial à égalité avec l'Afrique (57,5 g/jour par habitant), le Guatemala (57,4 g/jour par habitant). La consommation de protéines au Mali était inférieur à celui dans le monde (69,1 g/jour par habitant), et était supérieur à celui en Afrique (57,5 g/jour par habitant). La consommation de protéines avait la structure suivante: céréales (60.3%), viande (13.1%), lait (9.6%), légumineuses (4.8%), poisson (4.4%), et d'autres (7.8%).

La consommation de graisse au Mali était de 44,3 g/jour par habitant dans les années 1980, au 110ème rang mondial à égalité avec l'Indonésie (44,3 g/jour par habitant), l'Afrique centrale (44,2 g/jour par habitant), le Cameroun (44,4 g/jour par habitant). La consommation de graisse au Mali était inférieur à celui dans le monde (63,2 g/jour par habitant), et était inférieur à celui en Afrique (46,6 g/jour par habitant). La consommation de graisse avait la structure suivante: huiles végétales (38.3%), céréales (25.3%), lait (14.1%), viande (11.7%), poisson (1.3%), et d'autres (9.3%).

Voici les niveaux de consommation alimentaire dans le classement mondial: 25ème - céréales (168,7 kg/habitant/an), 47ème - noix (1,3 kg/habitant/an), 63ème - légumes (52,1 kg/habitant/an), 66ème - épices (0,41 kg/habitant/an), 80ème - légumineuses (4,6 kg/habitant/an), 86ème - lait (53,7 kg/habitant/an), 90ème - viande (18,7 kg/habitant/an), 91ème - poisson (8,8 kg/habitant/an), 98ème - huiles végétales (6,5 kg/habitant/an), 118ème - alcool (6,4 kg/habitant/an), 129ème - œufs (0,82 kg/habitant/an), 132ème - fruits (18,4 kg/habitant/an), 133ème - stimulants (0,17 kg/habitant/an), 138ème - sucre (5,6 kg/habitant/an), 146ème - racines riches (3,3 kg/habitant/an).

Les années 1990

La consommation de kcal au Mali était de 2 375,5 kcal/jour par habitant dans les années 1990, se situant au 105ème rang mondial à égalité avec la Guinée (2 375,2 kcal/jour par habitant), le Lesotho (2 381,7 kcal/jour par habitant), l'Afrique (2 365,6 kcal/jour par habitant). La consommation de kcal au Mali était inférieur à celui dans le monde (2 652,6 kcal/jour par habitant), et était supérieur à celui en Afrique (2 365,6 kcal/jour par habitant). La consommation de kcal avait la structure suivante: céréales (68.3%), huiles végétales (8.5%), sucre (4.7%), lait (4.6%), légumineuses (3.9%), et d'autres (10%).

La consommation de protéines au Mali était de 67,2 g/jour par habitant dans les années 1990, se classant au 92ème rang mondial à égalité avec les Kiribati (67,5 g/jour par habitant), la Micronésie (67,5 g/jour par habitant), la Moldavie (66,8 g/jour par habitant). La consommation de protéines au Mali était inférieur à celui dans le monde (72,1 g/jour par habitant), et était supérieur à celui en Afrique (60,1 g/jour par habitant). La consommation de protéines avait la structure suivante: céréales (59.8%), viande (11.1%), légumineuses (9.1%), lait (8.1%), poisson (4.1%), et d'autres (7.8%).

La consommation de graisse au Mali était de 52,6 g/jour par habitant dans les années 1990, se situant au 114ème rang mondial à égalité avec l'Afrique de l'Ouest (53,0 g/jour par habitant). La consommation de graisse au Mali était inférieur à celui dans le monde (69,0 g/jour par habitant), et était supérieur à celui en Afrique (48,6 g/jour par habitant). La consommation de graisse avait la structure suivante: huiles végétales (43.8%), céréales (24.3%), lait (11.5%), viande (9.5%), légumineuses (1.3%), et d'autres (9.6%).

Voici les niveaux de consommation alimentaire dans le classement mondial: 16ème - céréales (190,3 kg/habitant/an), 26ème - légumineuses (9,9 kg/habitant/an), 54ème - noix (1,4 kg/habitant/an), 82ème - légumes (57,1 kg/habitant/an), 87ème - huiles végétales (8,7 kg/habitant/an), 92ème - poisson (9,6 kg/habitant/an), 98ème - épices (0,29 kg/habitant/an), 106ème - lait (54,0 kg/habitant/an), 117ème - viande (18,4 kg/habitant/an), 134ème - alcool (6,1 kg/habitant/an), 136ème - sucre (11,5 kg/habitant/an), 137ème - stimulants (0,62 kg/habitant/an), 149ème - fruits (23,6 kg/habitant/an), 151ème - œufs (0,81 kg/habitant/an), 160ème - racines riches (9,0 kg/habitant/an).

Les années 2000

La consommation de kcal au Mali était de 2 607,9 kcal/jour par habitant dans les années 2000, au 102ème rang mondial à égalité avec le Suriname (2 602,1 kcal/jour par habitant), le Paraguay (2 615,0 kcal/jour par habitant), l'Asie (2 619,0 kcal/jour par habitant). La consommation de kcal au Mali était inférieur à celui dans le monde (2 765,9 kcal/jour par habitant), et était supérieur à celui en Afrique (2 509,9 kcal/jour par habitant). La consommation de kcal avait la structure suivante: céréales (65.3%), huiles végétales (7.8%), lait (6.4%), sucre (5%), légumineuses (3.6%), et d'autres (11.9%).

La consommation de protéines au Mali était de 73,0 g/jour par habitant dans les années 2000, se situant au 99ème rang mondial à égalité avec la Slovaquie (72,6 g/jour par habitant), le Costa Rica (72,5 g/jour par habitant). La consommation de protéines au Mali était inférieur à celui dans le monde (76,5 g/jour par habitant), et était supérieur à celui en Afrique (65,1 g/jour par habitant). La consommation de protéines avait la structure suivante: céréales (56.8%), viande (11.7%), lait (10.9%), légumineuses (8.4%), poisson (3.4%), et d'autres (8.8%).

La consommation de graisse au Mali était de 58,5 g/jour par habitant dans les années 2000, se situant au 115ème rang mondial à égalité avec l'Égypte (58,4 g/jour par habitant), Djibouti (58,0 g/jour par habitant), l'Afrique de l'Ouest (59,0 g/jour par habitant). La consommation de graisse au Mali était inférieur à celui dans le monde (76,9 g/jour par habitant), et était supérieur à celui en Afrique (52,8 g/jour par habitant). La consommation de graisse avait la structure suivante: huiles végétales (40%), céréales (21.8%), lait (16.4%), viande (10.4%), légumineuses (1.2%), et d'autres (10.2%).

Voici les niveaux de consommation alimentaire dans le classement mondial: 12ème - céréales (196,4 kg/habitant/an), 32ème - légumineuses (10,0 kg/habitant/an), 98ème - lait (80,2 kg/habitant/an), 99ème - huiles végétales (8,9 kg/habitant/an), 104ème - noix (0,79 kg/habitant/an), 106ème - légumes (54,2 kg/habitant/an), 107ème - poisson (9,1 kg/habitant/an), 117ème - épices (0,33

Chapitre XIV. Consommation de nourriture

kg/habitant/an), 123ème - viande (21,3 kg/habitant/an), 131ème - racines riches (27,0 kg/habitant/an), 134ème - stimulants (1,0 kg/habitant/an), 139ème - sucre (13,5 kg/habitant/an), 141ème - alcool (6,3 kg/habitant/an), 152ème - fruits (28,4 kg/habitant/an), 163ème - œufs (0,63 kg/habitant/an).

Les années 2010

La consommation de kcal au Mali était de 2 848,8 kcal/jour par habitant dans les années 2010, se situant au 81ème rang mondial à égalité avec la Géorgie (2 848,5 kcal/jour par habitant), le Turkménistan (2 849,8 kcal/jour par habitant), l'Arménie (2 841,5 kcal/jour par habitant). La consommation de kcal au Mali était inférieur à celui dans le monde (2 869,3 kcal/jour par habitant), et était supérieur à celui en Afrique (2 612,5 kcal/jour par habitant). La consommation de kcal avait la structure suivante: céréales (65.6%), lait (7.7%), huiles végétales (6.4%), légumineuses (4.7%), sucre (3.7%), et d'autres (11.9%).

La consommation de protéines au Mali était de 82,5 g/jour par habitant dans les années 2010, se classant au 78ème rang mondial à égalité avec la Croatie (82,6 g/jour par habitant), d'Antigua-et-Barbuda (82,3 g/jour par habitant), la Serbie (82,2 g/jour par habitant). La consommation de protéines au Mali était supérieur à celui dans le monde (80,6 g/jour par habitant), et était supérieur à celui en Afrique (69,0 g/jour par habitant). La consommation de protéines avait la structure suivante: céréales (55.4%), lait (12.3%), viande (11.5%), légumineuses (10.1%), poisson (2.4%), et d'autres (8.3%).

La consommation de graisse au Mali était de 62,1 g/jour par habitant dans les années 2010, se situant au 120ème rang mondial à égalité avec le Botswana (61,8 g/jour par habitant), la Guinée (61,8 g/jour par habitant), le Burkina Faso (61,7 g/jour par habitant). La consommation de graisse au Mali était inférieur à celui dans le monde (82,4 g/jour par habitant), et était supérieur à celui en Afrique (54,7 g/jour par habitant). La consommation de graisse avait la structure suivante: huiles végétales (33.4%), céréales (22.7%), lait (20.4%), viande (11%), légumineuses (1.9%), et d'autres (10.6%).

Voici les niveaux de consommation alimentaire dans le classement mondial: 6ème - céréales (216,0 kg/habitant/an), 18ème - légumineuses (14,0 kg/habitant/an), 82ème - lait (103,3 kg/habitant/an), 102ème - légumes (58,5 kg/habitant/an), 116ème - épices (0,31 kg/habitant/an), 118ème - poisson (7,8 kg/habitant/an), 121ème - huiles végétales (7,9 kg/habitant/an), 124ème - racines riches (31,9 kg/habitant/an), 129ème - viande (23,7 kg/habitant/an), 134ème - noix (0,34 kg/habitant/an), 143ème - alcool (6,7 kg/habitant/an), 145ème - sucre (10,9 kg/habitant/an), 148ème - stimulants (0,75 kg/habitant/an), 155ème - fruits (29,7 kg/habitant/an), 156ème - œufs (0,92 kg/habitant/an).

Partie V. Reproduction

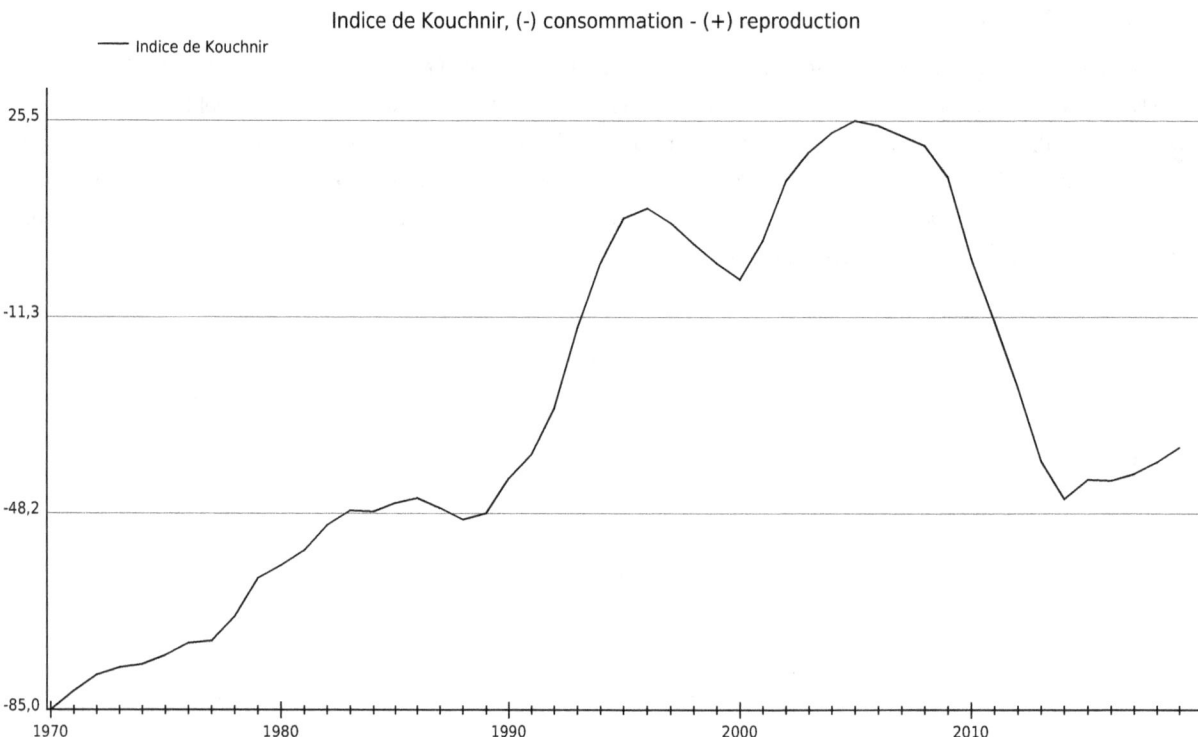

Chapitre XV. Formation de capital fixe

Formation brute de capital fixe

La formation de capital fixe du Mali est passé de 127,9 millions de dollars par an dans les années 1970 à 2,5 milliards de dollars par an dans les années 2010, c'est-à-dire 2,4 milliards de dollars ou de 19,8 fois. La variation a été de 258,7 millions de dollars en raison de l'augmentation de 1,1 fois des prix, et de 1,9 milliards de dollars en raison de la croissance du taux par habitant de 6,6 fois, et de 214,9 millions de dollars en raison de la croissance démographique. La croissance annuelle moyenne de la formation de capital était de 7,9%. La valeur minimale était de 40,3 millions de dollars en 1970. La valeur maximale était de 3,6 milliards de dollars en 2019.

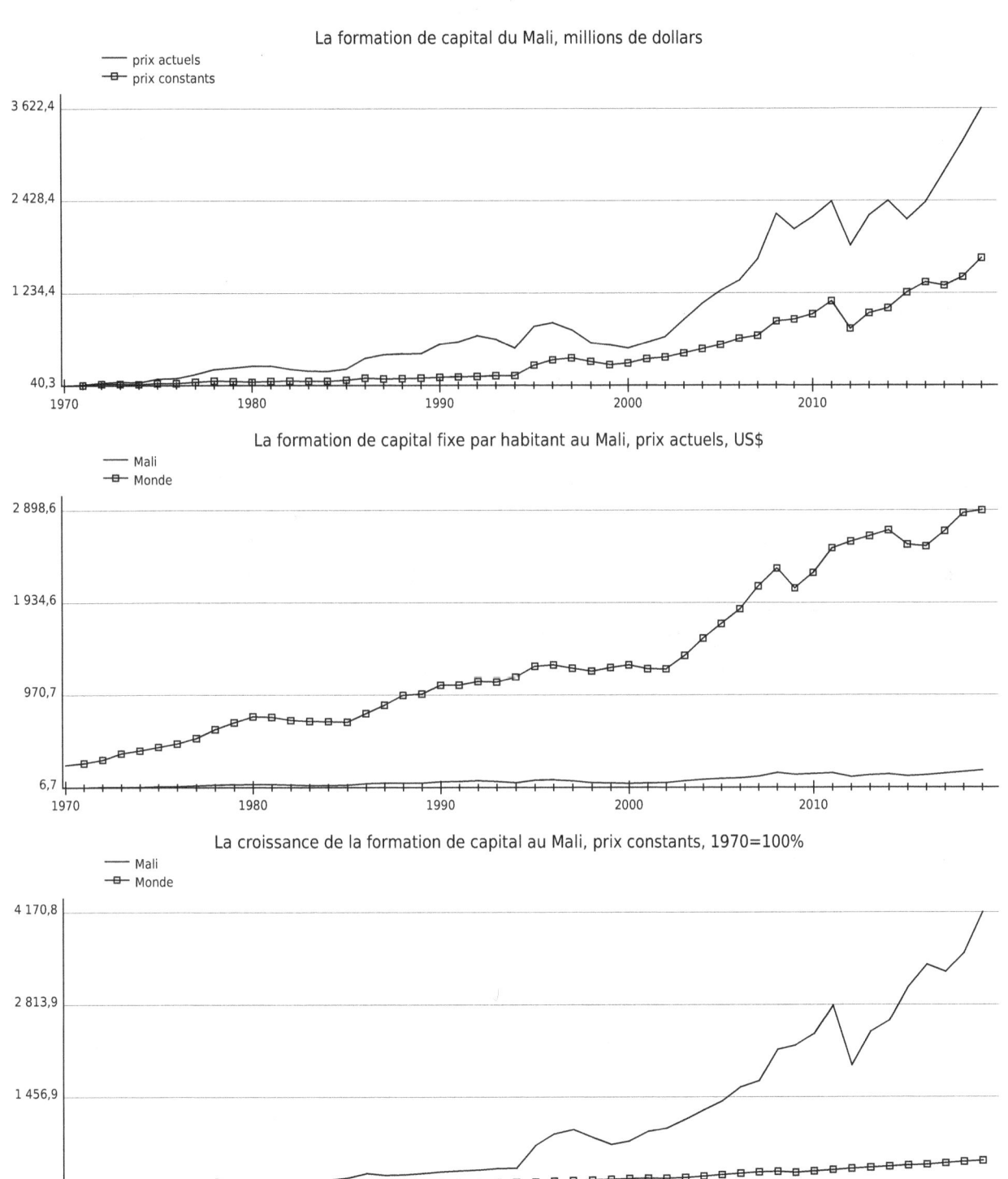

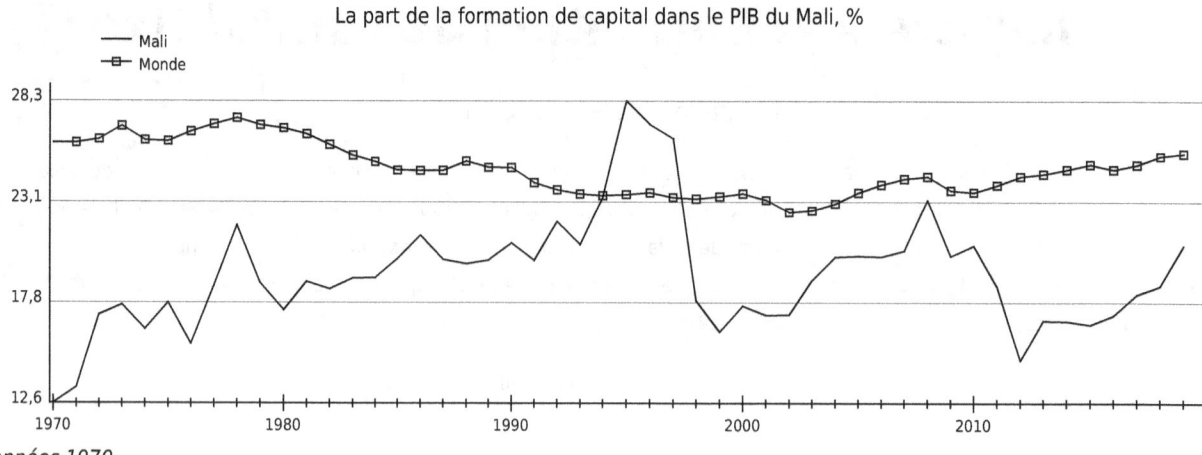

La part de la formation de capital dans le PIB du Mali, %

Les années 1970

La formation de capital du Mali était de 127,9 millions de dollars par an dans les années 1970, au 126ème rang mondial. La part dans le monde était de 0,0073% et de 0,11% en Afrique.

La part de la formation de capital dans le PIB du Mali était de 17,9% dans les années 1970, se situant au 136ème rang mondial, à égalité avec la Papouasie-Nouvelle-Guinée (17,9%), le Bénin (17,8%), l'Inde (18,0%).

La formation de capital par habitant au Mali était de 19.9 dollars dans les années 1970, se situant au 173ème rang mondial, à égalité avec l'Afghanistan (19,5 de dollars). La formation de capital par habitant au Mali était 21,8 fois inférieure la formation de capital fixe par habitant au Monde (433,5 US$), et 14,6 fois inférieure la formation de capital fixe par habitant en Afrique (289,8 US$).

La croissance de la formation brute de capital fixe au Mali était de 9.8% dans les années 1970, se classant au 45ème rang mondial, à égalité avec Singapour (9,7%). La croissance de la formation brute de capital fixe au Mali (9,8%) a été supérieure à celle du monde (4,2%), et supérieure à celle de l'Afrique (7,1%).

Comparaison avec les voisins. La formation de capital du Mali était supérieure à celle de la Guinée (102,4 millions de dollars); mais inférieure à celle de l'Algérie (6,1 milliards de dollars), de la Côte d'Ivoire (1,0 milliards de dollars), de la Mauritanie (517,0 millions de dollars), du Sénégal (298,6 millions de dollars), du Niger (203,8 millions de dollars) et du Burkina Faso (145,5 millions de dollars). La formation de capital fixe par habitant au Mali était inférieure à celle de la Mauritanie (393,1 de dollars), de l'Algérie (371,3 de dollars), de la Côte d'Ivoire (166,1 de dollars), du Sénégal (61,5 de dollars), du Niger (39,7 de dollars), du Burkina Faso (23,8 de dollars) et de la Guinée (23,0 de dollars). La croissance de la formation brute de capital fixe au Mali était supérieure à celle du Niger (8,2%), de la Guinée (2,9%), du Sénégal (2,6%) et de la Mauritanie (2,0%); mais inférieure à celle du Burkina Faso (18,7%), de la Côte d'Ivoire (10,8%) et de l'Algérie (10,4%).

Comparaison avec les leaders. La formation de capital du Mali était inférieure à celle des États-Unis (381,9 milliards de dollars), de l'URSS (214,6 milliards de dollars), du Japon (191,6 milliards de dollars), de l'Allemagne (125,8 milliards de dollars) et de la France (82,9 milliards de dollars). La formation de capital par habitant au Mali était inférieure à celle des États-Unis (1 750,0 de dollars), du Japon (1 720,7 de dollars), de l'Allemagne (1 597,2 de dollars), de la France (1 545,4 de dollars) et de l'URSS (850,9 de dollars). La croissance de la formation brute de capital fixe au Mali était supérieure à celle des États-Unis (4,4%), du Japon (3,9%), de l'URSS (3,2%), de la France (2,7%) et de l'Allemagne (1,5%).

Les années 1980

La formation de capital fixe du Mali était de 324,8 millions de dollars par an dans les années 1980, se situant au 121ème rang mondial à égalité avec Macao (330,3 millions de dollars). La part dans le monde était de 0,0085% et de 0,17% en Afrique.

La part de la formation brute de capital fixe dans le PIB du Mali était de 19,5% dans les années 1980, au 126ème rang mondial, à égalité avec le Chili (19,6%), les Bermudes (19,5%), les îles Cook (19,6%).

La formation de capital fixe par habitant au Mali était de 42 dollars dans les années 1980, au 168ème rang mondial, à égalité avec Sierra Leone (41,6 de dollars). La formation de capital par habitant au Mali était 18,8 fois inférieure la formation de capital par habitant au Monde (790,9 US$), et 8,6 fois inférieure la formation de capital fixe par habitant en Afrique (362,0 US$).

La croissance de la formation brute de capital fixe au Mali était de 3.7% dans les années 1980, au 70ème rang mondial, à égalité avec

Chapitre XV. Formation de capital fixe

la Polynésie française (3,7%). La croissance de la formation de capital au Mali (3,7%) a été supérieure à celle du monde (2,5%), et supérieure à celle de l'Afrique (-3,3%).

Comparaison avec les voisins. La formation de capital fixe du Mali était supérieure à celle de la Guinée (256,6 millions de dollars); mais inférieure à celle de l'Algérie (16,9 milliards de dollars), de la Côte d'Ivoire (1,4 milliards de dollars), de la Mauritanie (773,8 millions de dollars), du Sénégal (679,9 millions de dollars), du Burkina Faso (414,9 millions de dollars) et du Niger (400,5 millions de dollars). La formation de capital par habitant au Mali était inférieure à celle de l'Algérie (762,5 de dollars), de la Mauritanie (440,4 de dollars), de la Côte d'Ivoire (139,1 de dollars), du Sénégal (106,2 de dollars), du Niger (58,5 de dollars), du Burkina Faso (54,2 de dollars) et de la Guinée (47,1 de dollars). La croissance de la formation de capital au Mali était supérieure à celle du Burkina Faso (3,6%), du Sénégal (3,5%), de l'Algérie (-0,84%), de la Mauritanie (-1,9%), du Niger (-8,1%) et de la Côte d'Ivoire (-10,2%); mais inférieure à celle de la Guinée (5,7%).

Comparaison avec les leaders. La formation de capital du Mali était inférieure à celle des États-Unis (958,4 milliards de dollars), du Japon (571,7 milliards de dollars), de l'URSS (271,0 milliards de dollars), de l'Allemagne (238,1 milliards de dollars) et de la France (164,3 milliards de dollars). La formation de capital par habitant au Mali était inférieure à celle du Japon (4 713,7 de dollars), des États-Unis (4 002,1 de dollars), de l'Allemagne (3 052,1 de dollars), de la France (2 907,7 de dollars) et de l'URSS (984,8 de dollars). La croissance de la formation de capital au Mali était supérieure à celle des États-Unis (3,1%), de la France (2,4%), de l'URSS (1,7%) et de l'Allemagne (1,4%); mais inférieure à celle du Japon (4,8%).

Les années 1990

La formation de capital du Mali était de 656,9 millions de dollars par an dans les années 1990, se situant au 131ème rang mondial à égalité avec la Namibie (669,3 millions de dollars), d'Haïti (672,5 millions de dollars). La part dans le monde était de 0,0097% et de 0,54% en Afrique.

La part de la formation brute de capital fixe dans le PIB du Mali était de 22,1% dans les années 1990, se classant au 101ème rang mondial, à égalité avec les Maldives (22,1%), le Luxembourg (22,1%), le Sri Lanka (22,2%).

La formation de capital par habitant au Mali était de 69.2 dollars dans les années 1990, se classant au 178ème rang mondial, à égalité avec le Kirghizistan (69,0 de dollars), le Yémen (70,5 de dollars). La formation de capital fixe par habitant au Mali était 17,1 fois inférieure la formation de capital par habitant au Monde (1 183,8 US$), et 2,5 fois inférieure la formation de capital par habitant en Afrique (173,2 US$).

La croissance de la formation brute de capital fixe au Mali était de 8.5% dans les années 1990, se situant au 21ème rang mondial, à égalité avec l'Irlande (8,5%). La croissance de la formation brute de capital fixe au Mali (8,5%) a été supérieure à celle du monde (2,8%), et supérieure à celle de l'Afrique (3,2%).

Comparaison avec les voisins. La formation de capital du Mali était supérieure à celle du Burkina Faso (627,0 millions de dollars), de la Mauritanie (626,0 millions de dollars), de la Guinée (583,6 millions de dollars) et du Niger (274,7 millions de dollars); mais inférieure à celle de l'Algérie (12,4 milliards de dollars), de la Côte d'Ivoire (1,3 milliards de dollars) et du Sénégal (1,2 milliards de dollars). La formation de capital fixe par habitant au Mali était supérieure à celle du Burkina Faso (62,8 de dollars) et du Niger (29,3 de dollars); mais inférieure à celle de l'Algérie (437,6 de dollars), de la Mauritanie (273,4 de dollars), du Sénégal (140,4 de dollars), de la Côte d'Ivoire (91,4 de dollars) et de la Guinée (81,2 de dollars). La croissance de la formation de capital au Mali était supérieure à celle du Sénégal (5,7%), de la Côte d'Ivoire (5,7%), de la Guinée (4,6%), de la Mauritanie (2,9%), du Burkina Faso (2,6%), du Niger (-0,31%) et de l'Algérie (-0,52%).

Comparaison avec les leaders. La formation de capital fixe du Mali était inférieure à celle des États-Unis (1,6 billions de dollars), du Japon (1,3 billions de dollars), de l'Allemagne (520,7 milliards de dollars), de la France (299,3 milliards de dollars) et du Royaume-Uni (250,0 milliards de dollars). La formation de capital par habitant au Mali était inférieure à celle du Japon (10 425,9 de dollars), de l'Allemagne (6 456,6 de dollars), des États-Unis (6 067,2 de dollars), de la France (5 039,5 de dollars) et du Royaume-Uni (4 319,1 de dollars). La croissance de la formation de capital au Mali était supérieure à celle des États-Unis (4,8%), de l'Allemagne (2,4%), du Royaume-Uni (1,7%), de la France (1,5%) et du Japon (0,18%).

Les années 2000

La formation de capital du Mali était de 1,2 milliards de dollars par an dans les années 2000, se situant au 134ème rang mondial à égalité avec la Polynésie française (1,2 milliards de dollars), d'Haïti (1,3 milliards de dollars), la Papouasie-Nouvelle-Guinée (1,3 milliards de dollars). La part dans le monde était de 0,011% et de 0,49% en Afrique.

La part de la formation brute de capital fixe dans le PIB du Mali était de 20,1% dans les années 2000, se situant au 152ème rang mondial, à égalité avec les Philippines (20,1%), l'Allemagne (20,2%), la Serbie (19,9%).

La formation de capital fixe par habitant au Mali était de 98.2 dollars dans les années 2000, se classant au 186ème rang mondial. La formation de capital fixe par habitant au Mali était 17,2 fois inférieure la formation de capital par habitant au Monde (1 690,7 US$), et 2,9 fois inférieure la formation de capital par habitant en Afrique (280,9 US$).

La croissance de la formation brute de capital fixe au Mali était de 11.3% dans les années 2000, se classant au 27ème rang mondial, à égalité avec l'Arabie saoudite (11,3%), la Tanzanie (11,3%), le Ghana (11,3%). La croissance de la formation brute de capital fixe au Mali (11,3%) a été supérieure à celle du monde (3,5%), et supérieure à celle de l'Afrique (5,6%).

Comparaison avec les voisins. La formation de capital fixe du Mali était supérieure à celle de la Mauritanie (1,2 milliards de dollars), du Burkina Faso (970,8 millions de dollars), de la Guinée (960,8 millions de dollars) et du Niger (846,0 millions de dollars); mais inférieure à celle de l'Algérie (26,3 milliards de dollars), du Sénégal (2,5 milliards de dollars) et de la Côte d'Ivoire (1,7 milliards de dollars). La formation de capital fixe par habitant au Mali était supérieure à celle de la Côte d'Ivoire (95,0 de dollars), du Burkina Faso (73,1 de dollars) et du Niger (62,8 de dollars); mais inférieure à celle de l'Algérie (795,6 de dollars), de la Mauritanie (402,7 de dollars), du Sénégal (225,7 de dollars) et de la Guinée (106,1 de dollars). La croissance de la formation de capital au Mali était supérieure à celle de la Guinée (10,9%), de la Mauritanie (8,7%), de l'Algérie (7,8%), du Burkina Faso (7,7%), du Sénégal (5,3%) et de la Côte d'Ivoire (-0,28%); mais inférieure à celle du Niger (13,6%).

Comparaison avec les leaders. La formation de capital fixe du Mali était inférieure à celle des États-Unis (2,8 billions de dollars), du Japon (1,2 billions de dollars), de la Chine (1,0 billions de dollars), de l'Allemagne (557,7 milliards de dollars) et de la France (463,9 milliards de dollars). La formation de capital par habitant au Mali était inférieure à celle des États-Unis (9 376,4 de dollars), du Japon (8 981,8 de dollars), de la France (7 386,7 de dollars), de l'Allemagne (6 851,1 de dollars) et de la Chine (782,2 de dollars). La croissance de la formation de capital au Mali était supérieure à celle de la France (1,6%), des États-Unis (0,43%), de l'Allemagne (-0,56%) et du Japon (-2,0%); mais inférieure à celle de la Chine (13,4%).

Les années 2010

La formation de capital du Mali était de 2,5 milliards de dollars par an dans les années 2010, se situant au 137ème rang mondial à égalité avec Madagascar (2,6 milliards de dollars). La part dans le monde était de 0,013% et de 0,49% en Afrique.

La part de la formation brute de capital fixe dans le PIB du Mali était de 18,0% dans les années 2010, se classant au 173ème rang mondial, à égalité avec la Dominique (18,0%), la République centrafricaine (18,0%), la Gambie (18,1%).

La formation de capital par habitant au Mali était de 147 dollars dans les années 2010, au 198ème rang mondial, à égalité avec le Zimbabwe (148,2 de dollars). La formation de capital par habitant au Mali était 17,8 fois inférieure la formation de capital par habitant au Monde (2 621,1 US$), et 3,0 fois inférieure la formation de capital par habitant en Afrique (440,4 US$).

La croissance de la formation brute de capital fixe au Mali était de 6.5% dans les années 2010, se classant au 43ème rang mondial, à égalité avec l'Islande (6,5%), Sierra Leone (6,5%), le Sri Lanka (6,5%). La croissance de la formation brute de capital fixe au Mali (6,5%) a été supérieure à celle du monde (4,1%), et supérieure à celle de l'Afrique (3,1%).

Comparaison avec les voisins. La formation de capital du Mali était 12,7% supérieure à celle de la Guinée (2,2 milliards de dollars) et 18,6% supérieure à celle de la Mauritanie (2,1 milliards de dollars); mais 26,9 fois inférieure à celle de l'Algérie (68,3 milliards de dollars), 3,3 fois inférieure à celle de la Côte d'Ivoire (8,4 milliards de dollars), 46,8% inférieure à celle du Sénégal (4,8 milliards de dollars), 17,3% inférieure à celle du Niger (3,1 milliards de dollars) et 7,4% inférieure à celle du Burkina Faso (2,7 milliards de dollars). La formation de capital fixe par habitant au Mali était 11,8 fois inférieure à celle de l'Algérie (1 733,4 de dollars), 3,6 fois inférieure à celle de la Mauritanie (535,3 de dollars), 2,5 fois inférieure à celle de la Côte d'Ivoire (363,1 de dollars), 2,2 fois inférieure à celle du Sénégal (330,3 de dollars), 25,7% inférieure à celle de la Guinée (197,8 de dollars), 5,5% inférieure à celle du Niger (155,5 de dollars) et 4,0% inférieure à celle du Burkina Faso (153,1 de dollars). La croissance de la formation brute de capital fixe au Mali était supérieure à celle du Niger (6,4%), de la Guinée (4,9%), de l'Algérie (4,9%), de la Mauritanie (2,2%) et de la Côte d'Ivoire (-1,3%); mais inférieure à celle du Burkina Faso (11,7%) et du Sénégal (8,9%).

Comparaison avec les leaders. La formation de capital du Mali était 1 783,3 fois inférieure à celle de la Chine (4,5 billions de dollars), 1

Chapitre XV. Formation de capital fixe

419,1 fois inférieure à celle des États-Unis (3,6 billions de dollars), 477,2 fois inférieure à celle du Japon (1,2 billions de dollars), 296,7 fois inférieure à celle de l'Allemagne (752,5 milliards de dollars) et 274,7 fois inférieure à celle de l'Inde (696,8 milliards de dollars). La formation de capital fixe par habitant au Mali était 76,6 fois inférieure à celle des États-Unis (11 264,9 de dollars), 64,4 fois inférieure à celle du Japon (9 460,2 de dollars), 62,5 fois inférieure à celle de l'Allemagne (9 192,9 de dollars), 21,9 fois inférieure à celle de la Chine (3 224,9 de dollars) et 3,6 fois inférieure à celle de l'Inde (535,2 de dollars). La croissance de la formation de capital au Mali était supérieure à celle de l'Inde (5,8%), des États-Unis (3,8%), de l'Allemagne (2,8%) et du Japon (1,8%); mais inférieure à celle de la Chine (8,0%).

www.ingramcontent.com/pod-product-compliance
Lightning Source LLC
Chambersburg PA
CBHW080518220526
45465CB00006B/2526